曾有西风半点香

扬之水 著

广西师范大学出版社
·桂林·

三 卷草·对波：式样之一 99
四 卷草·对波：式样之二 107
五 对波纹在唐代的演变 110
六 余论 118

丹枕和綩綖 121

余论 139

牙床与牙盘 151

壹 牙床：都兰吐蕃墓出土的一组彩绘木构件 152
贰 牙盘 161
一 牙盘之用途：唐至两宋 163
二 牙盘形制之一：所谓「连蹄」 165
三 牙盘形制之二：所谓「脚」 176
四 两宋牙盘 185
五 余论 187

目次

佛入中土之「棲居」（一）
——敦煌早期至隋唐石窟窟頂圖案的意象及其演變 … 1

一　藻井和幄帳 … 3

二　金博山與摩尼寶 … 10

三　「垂鱗」與翠羽 … 21

四　寶交飾 … 29

佛入中土之「棲居」（二）
——帳、傘、幢、幡細部構件的考訂 … 53

一　帳：帳額，垂額，瀝水，蒜條，帘押 … 56

二　幢、傘，華蓋：錦屋、者古、帶、柱子 … 63

三　幡 … 81

「大秦之草」與連理枝
——對波紋源流考 … 95

一　對波紋與「忍冬」 … 96

二　「忍冬紋」與「大秦之草」 … 96

立拒举瓶	荃提	图片来源总览	三联版后记	人美版后记
285	283	267	259	251

从礼物案到都丞盘

一 书案·牙盘·礼物案 … 189
二 栏杆桌子·栏杆高几·都丞盘 … 190
三 结语 … 195

搁鼓考
——兼论龟兹舍利盒乐舞图的含义

一 搁鼓考 … 204
二 龟兹舍利盒乐舞图的含义 … 207

象舆
——兼论青州傅家北齐画像石中的『象戏图』

一 库木吐喇石窟第三十四窟壁画中的『象舆』 … 208
二 青州傅家北齐画像石中的『象戏图』 … 217

净瓶与授水布施
——须大拏太子本生故事中的净瓶

223 224 237 241

佛入中土之「栖居」（一）
——敦煌早期至隋唐石窟窟顶图案的意象及其演变

佛陀在印度，是一位由苦修者而成就的觉悟者，在很长的时期内，本土是没有图像的。这时候用来象征佛陀的或是菩提树，或是伞盖、坐具。以后的贵霜王国时期，犍陀罗和马图拉的佛教艺术里都出现了佛陀的形象，在犍陀罗浮雕表现最多的佛传故事中，佛陀理所当然使用了世俗生活里王子贵族的仪卫，如象舆、伞盖、起居坐具之类。佛教东传，中土的工匠似乎没有想到为远来的佛陀去别创一个居住的天地，却是以原有尊崇之意的幄帐用来安置新的信仰世界中的人物。此际便将异域新风与本土固有的造型艺术相结合，复以不同的搭配创造出许多自由活泼的变体[1]。

作为礼拜空间的佛教石窟，窟顶图案是整个布局中最富装饰意趣的部分，纹样的取用和安排也因此最为灵活。它的设计，不同于四披、四壁，即不必依凭特定的经典来组织画面，而重要在于营造气氛。在并不敞亮有时甚至是幽暗的空间里，它是用来笼罩这一方天地的暖色，而与佛陀的慈悲悯人相呼应，于是引导信众摒除贪嗔爱痴，进入一个纯美吉祥的世界，如闻佛法，如聆梵音，而欢喜赞叹。研究敦煌石窟中的图案，窟顶自然分量最重，相关的研究成果也很多。不过关于图案构成各个细节的定名，似乎讨论很少，常见的称谓是"垂帐纹""垂幔纹""璎珞铃铛纹""长桶形彩幡铃铛纹"，等等。而这样的名称，并不能够真正反映

---

[1] 南北朝时期艺术表现中的帷帐，尚没有世俗与佛教的一个截然划分，如河南洛阳出土时属北魏的一组石刻中的夫妇对坐图（王子云《中国古代石刻画选集》，图五：6，中国古典艺术出版社一九五七年），如河北磁县北齐高润墓壁画中的墓主人图（《考古》一九七九年第三期，图版七），图中所表现的帷帐，与当时佛教艺术中的帷帐，并无不同。

图案的意象来源与设计构思，也很难揭示图像在历史进程中发展演变的内在含义。因此从若干细节的定名入手，也许有助于推进我们的认识。

一　藻井和幄帐

敦煌早期石窟窟顶图案的设计意匠有两个来源，即藻井和幄帐。

藻井属于小木作制度，它其实是用提高单体建筑中心位置的方法造成更高的空间感，以强调建筑的重要性[1]，因此历来多用于宫室和殿堂。不过它最初可能只是以一种结构屋顶的方式形成的叠涩天井[2]，而使用的地区很广，且在各自的地域里形成传统[3]。

"藻井"，或曰"方井"，名称均始见于汉赋。张衡《西京赋》"蒂倒茄于藻井，披红葩之狎猎"，薛综注云："藻井，当栋中，交木方为之，如井干也。"所注颇得要领。综为汉末时人（卒于东吴赤乌三年），其说应可信据。"倒茄"之茄便是藕茎亦即莲茎，茎既倒殖于藻井，莲花自然向下反披；狎猎，即花叶参差之状[4]。王延寿《鲁灵光殿赋》"圆渊方井，反植荷蕖"，也是同样的意思。以莲花为饰，原有避火之意，

1　梁思成《营造法式注释》，《梁思成全集》第七卷，页213，中国建筑工业出版社二〇〇一年。
2　或认为藻井的形式是从上古屋顶的"罳"式结构发展而来："罳"式屋顶的基本构造是在一个方形或多角形平面上，于底架之上用抹角梁层层叠起，逐层收缩，以此形成屋顶构架，于是上面留下一个天窗，外形则成四面坡式屋顶。以后随着礼的建立与完善，"罳"式结构的屋顶渐被赋予尊崇之意而多用于礼制建筑，藻井在形式和意义上对此也都承袭下来，因此采用藻井的建筑，多为殿堂。这时候，它已经由房屋的结构形状演变为装饰的构造。李允鉌《华夏意匠》，页206、283，中国建筑工业出版社一九八四年。
3　中原、西北、中亚，均有其例。中原地区俱见于墓葬。西北、中亚则见于佛教石窟，前者如巴米扬，后者如克孜尔。或认为"东汉至南北朝时画像石墓及高句丽墓中的叠石天井顶，与西域的塔庙天井顶可能有关"（常青《西域文明与华夏建筑的变迁》，页86，湖南教育出版社一九九二年），不过似乎至今未在西域发现早期的实例（至少要早于汉代，方可显示出由西向东的传播线索）。
4　《文选》卷二薛综注："茄，藕茎也。以其茎倒殖于藻井，其华下向反披。狎猎，重接貌。"

1 山东沂南画像石墓后室东间藻井

《风俗通》："殿堂象东井形，刻作荷菱，荷菱，水物也，所以厌火"[1]。《宋书》卷十八列举历代典事曰："殿屋之为圆渊方井兼植荷华者，以厌火祥也。"藻井因又名作"莲井"[2]。它通常为殿堂所用，而中央倒垂的这一大朵莲花，便成为藻井最引人注目的装饰。不过早期莲花藻井的实例以地面建筑无存的缘故，今所见都发现于墓葬，如江苏徐州青山泉汉墓[3]，山东沂南画像石墓[4]〔1〕，如甘肃高台地埂坡魏晋墓三号墓前室以生土做成仿木结构的斗四式藻井[5]〔2~3〕，又敦煌佛爷庙湾墓群出土用于墓室藻井的彩绘莲花砖〔4〕，等等。后例中出自西晋第三十九号墓的一方，莲花四面分别彩绘游鱼与鹅鸭以见水意，正是"所以厌火"。

---

1 《艺文类聚·居处部》引。又《初学集·地部》引作"堂殿上作以象东井。藻，水草所以厌火。"
2 陈朝徐陵《梅花落》"燕拾还莲井"。
3 南京博物院《徐州青山泉白集东汉画象石墓》，页139，图五，《考古》一九八一年第二期。
4 曾昭燏等《沂南古画像石墓发掘报告》，图版二〇，文化部文物管理局一九五六年。
5 国家文物局《二〇〇七中国重要考古发现》，页87，文物出版社二〇〇八年。

2 甘肃高台地埂坡魏晋墓三号墓前室顶部

3 甘肃高台地埂坡魏晋墓三号墓前室结构示意图

4 彩绘莲花砖
  敦煌佛爷庙湾西晋第三十九号墓出土

5　幄帐木构架　甘肃高台县骆驼城南东汉墓出土

上古以来流行的各种帷帐，以幄帐为尊，其式原是仿自宫室建筑，即所谓"四合以象宫室，王所居之帷也"。《释名·释牀帐》："幄，屋也，以帛衣板施之，形如屋也。"是幄以象屋而得名。《汉书》卷二十二《礼乐志》录《天马》歌云"照紫幄，珠熉黄"，颜师古注："紫幄，飨神之幄也，帐上四下而覆曰幄。"甘肃高台县骆驼城南东汉墓发现一具木制幄帐，系以板条榫卯相接拼斗出"屋"形，出土时木帐尚覆有彩绘丝织物〔5〕，正是"以帛衣板施之"，"帐上四下而覆"，"形如屋也"。

幄与帷帐或曰帷幕之类的一个主要区别，在于幄可设于宫室，又可设在帷帐之中，以为尊位[1]。安徽马鞍山市三国吴朱然墓出土一件彩绘

1　帷与幄在很多情况下虽不妨通用，但初始的时候二者却颇有区别。《周礼·天官·幕人》云"幕人掌帷幕幄帟绶之事"，所举帷、幕、幄、帟，名称不同，形制不一，用途也有别。关于幄，郑注："四合象宫室曰幄，王所居之帐也。"贾疏："幄，帷幕之内设也。"《诗·大雅·抑》"相在尔室，尚不愧于屋漏"，郑笺释"屋"为"幄"，孔疏云："礼之有帷幕，皆于野张以代宫室，其宫内不张幕也。幄则室内亦有之。"《南齐书》卷四《郁林王传》云"昭业少美容止"，"世祖常独呼昭业至幄座，别加抚问"，世祖，即齐武帝萧颐。

6　彩绘漆案局部　马鞍山市朱然墓出土

漆案，上面绘出极有声势的宫廷宴乐场面。宏阔的殿堂里，一个方形平面、四合攒尖顶的小幄，幄中三人，男子居中，与两边的女子相拥而坐。幄帐外面的筵席上一排坐着八人，由漆画中的榜题可知，从左向右依次为皇后，太子本，平乐侯与夫人，都亭侯与夫人，长沙王与夫人。漆画所绘又有虎贲，黄门，羽林。那么幄帐里边的居中者，自然是帝[1]〔6〕。所谓"四合象宫室曰幄"；"幄，帷幕之内设也"，它正是一个最为形象的注解。

1　案背有朱红漆篆书"官"字款。马鞍山市文物管理所等《马鞍山文物聚珍》，图七二，文物出版社二〇〇六年。

"四合以象宫室"的幄帐，一面成为可以移动的起居所，一面可以用它在室内特设一方象征尊贵的空间，因此宫室所具有的富丽堂皇，当然也包括藻井的莲花，都是幄帐必要仿制的内容。《邺中记》云后赵石虎冬月施熟锦流苏帐，"四角安纯金龙头，衔五色流苏"，"帐顶上安金莲花"，且覆帐的丝帛四季各有不同[1]，种种妆点，其实并非石虎的创造，不过是宫室和帷帐尊显的形制以及华美之装饰的集中而已。

敦煌早期石窟的窟顶图案，可析为两类构成因素：几重方井错叠相斗的形制，取象于宫室藻井，此外的各种装饰，取象于幄帐，以此象征时人所认同的最高规格。

敦煌石窟窟顶图案所依仿的幄帐，富丽者即如西魏第二八五窟，窟顶图案便恰似石虎的奢华之帐：中央装饰铺展开来的一大朵莲花，四角各设金龙，金龙口衔杂佩，下缀羽葆[2]〔7〕。然而此幅图案的构成元素尚不止于此，《敦煌石窟全集·图案卷》形容它说："藻井为三重方井套叠构架，方井边框土红色地，绘单叶忍冬连续纹。中心为绿地水涡纹，绘重层卷瓣莲花，四角绘摩尼宝火焰纹和宝莲花。方井外围白边绘小云纹和两重三角垂帐，藻井四角绘饰有兽面流苏。"可见它是充满了细节表现的。这里的关键在于，丰富的表现样式并非散漫无序的堆砌，每一个图案化的细节原都有着意象的来源，如此组织在一起，方成为语言流畅、表述清晰的叙事。那么从纹样的定名入手，追索细节意象之究竟，便如同考校诗词歌赋的用典，出典明确了，其中多层次的表现内容也就随之浮现出来。

---

1 《邺中记》曰："石虎御床，辟方三丈，冬月施熟锦流苏斗帐，四角安纯金龙头，衔五色流苏。或用青绨光锦，或用绯绨登高文锦，或用紫绨大小锦，絮以房子锦百二十斤，白绨为里，名为里复帐，帐四角安纯金银凿金香炉，以石墨烧集和名香。帐顶上安金莲花，花中悬金薄织成椀囊。春秋但锦帐，表以五色，总为夹帐。夏用纱罗或綦文丹罗，或紫縠文为单帐"（《太平御览》卷六九九《服用一》"帐"条引，页3120）。
2 关友惠《敦煌石窟全集·13·图案卷·上》，图五〇，商务印书馆（香港）有限公司二〇〇三年。

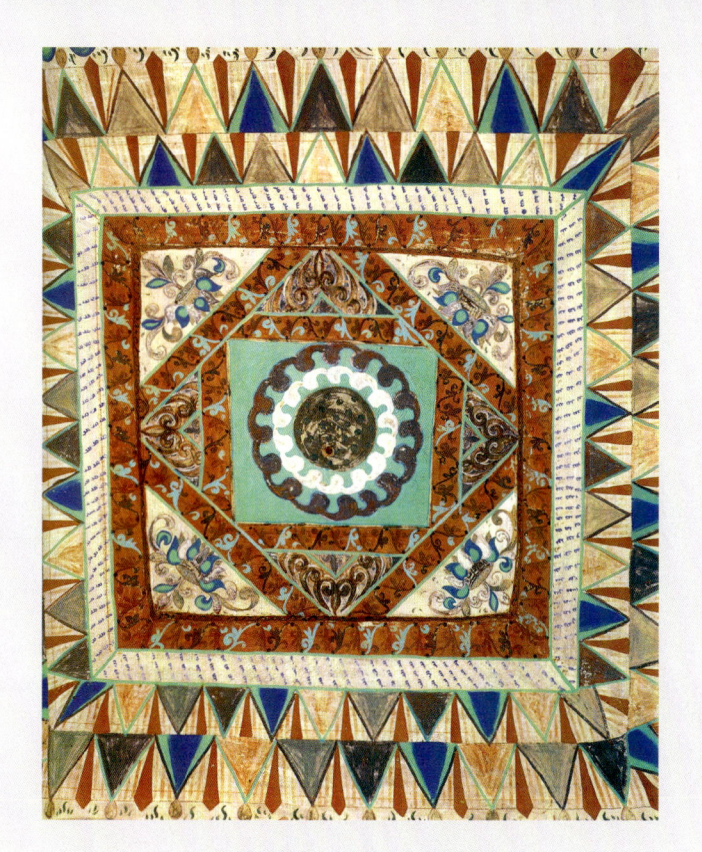

7·1 莫高窟第二八五窟（西魏）窟顶局部一

7·2 窟顶局部二

二　金博山与摩尼宝

　　第二八五窟窟顶图案的"四角绘摩尼宝火焰纹"，是莫高窟早期石窟藻井式或平棊式图案的流行做法：仿斗四藻井的内里两个方井相叠，形成四个三角形空间，——后世称此为"角蝉"[1]。"角蝉"处每每彩绘一或两对三角形，三角内填绘一个四出花叶，三角外轮廓装饰摩尼宝式的光焰。或绘制精细，或略具其形，总之是一个已成定式的图案。在敦煌莫高窟中，这种做法自早期的北凉一直延续到北周。如开凿于北凉的第二六八窟，窟顶平棊采用仿木构藻井的方式，以泥塑做出方井的交互叠置，中心绘制碧色中的一朵莲花以象"圆渊方井兼植荷华"，其外的四个"角蝉"里，为两两相对的莲花化生和火焰包裹的三角形饰，最外一重"角蝉"内分别填绘四个飞天[2]〔8〕。同为北凉时期的第二七二窟窟顶藻井形制与此相近，惟细节安排稍有不同，如第二重方井的四个"角蝉"内均为火焰三角。此外的不同便是绘笔更为精细，如在火焰三角的内三角中填绘一枚五出花叶，又在方井边框上面分别绘制各式卷草纹和三角纹[3]〔9〕。之后的北魏第二五四窟、北周第四二八窟中心柱外的一周平棊，均为类似图案，但是不再结合泥塑，而全部出以绘笔[4]〔10~11〕。

1　《营造法式注释》，《梁思成全集》第七卷，页215："在正方形内抹去四角，做成等边八角形，抹去的四个等腰三角形，就叫作'角蝉'。"
2　敦煌文物研究所《中国石窟·敦煌莫高窟》第一卷，图版五，文物出版社一九八二年。
3　《敦煌石窟全集·13·图案卷·上》，图四六。
4　《敦煌石窟全集·13·图案卷·上》，图七、图一九。

8 莫高窟第二六八窟(北凉)平棊及局部

9 莫高窟第二七二窟(北凉)藻井

10　莫高窟第二五四窟（北魏）平棊局部

11　莫高窟第四二八窟（北周）平棊局部

12 云冈石窟第九窟前室北壁

　　石窟覆斗式窟顶的设计构思既有来自对幄帐的模仿，则此三角形图案也应与帷帐密切相关。它的来源便是帐顶上面的博山，不过博山在此乃与摩尼宝纹样的表现因素相结合而演变为藻井的适合图案。

　　摩尼宝是一个含义丰富的视觉语汇。它最初来自佛教艺术，东传之后则成为普遍施用于建筑设施以及各种器用的流行纹样，且在流行过程中不断同本土的传统纹样相结合，形成种种变体。它与金博山的结合，即变体之一。这种样式的博山，早就出现在云冈石窟北魏雕塑中的屋顶装饰，如第九窟后室南壁和前室北壁〔12〕。

　　所谓"金博山"，这里专指用作器物装饰的一类，它多为金属制品，而"金博山"之金，也很可能是铜或铜鎏金。其基本造型为圭形，或变体为三角形。筍簴、车舆、伞盖等，尊贵豪华者，常以博山为饰，比如两汉以后作为天子之法车的"辂"。《隋书·礼仪志六》曰大业元年更定车制，禋祀所用亦即最高等级的玉辂，其饰"青盖，黄里，绣游带，金博山，

凤车·金博山

13　凤车　莫高窟第二九六窟（北周）西壁壁画

　　缀以镜子。下垂八佩，树十四葆羽"。敦煌莫高窟北周第二九六窟西壁所绘以辂为蓝本的凤车和龙车，车中华盖高耸，华盖顶端一周五枚三角形饰，便是辂制中的"金博山"[1]〔13〕。

　　屋檐和帐顶装饰金博山，在北朝成为一时风气。《南齐书》卷五十七《魏虏传》描写北魏之朝"正殿施流苏帐，金博山，龙凤朱漆画屏风"。三十年代洛阳翟泉村北邙山坡出土的北魏宁懋石室，其上线刻画中的"丁兰事木母"一幅，刻画了一具盝顶形的坐帐，帐中设屏，帐脊及帐顶四面各有三角与花蕾相间的一排装饰，此即博山之属〔14〕，与文献中的描写正好相合。宁懋石室的年代为北魏景明二年，它也是此类样式的帷帐一个比较早的例子。

1　孙机《中国古舆服论丛·辂》（增订本），页84，文物出版社二〇〇一年；梁尉英《敦煌石窟艺术·莫高窟第二九六窟》，图二三、图一九，江苏美术出版社一九九八年。

14　丁兰事木母　洛阳翟泉村北邙山坡出土

15·1　瓦钉　河北平山灵寿古城出土

15·2　瓦钉与筒瓦　河北平山中山王墓出土

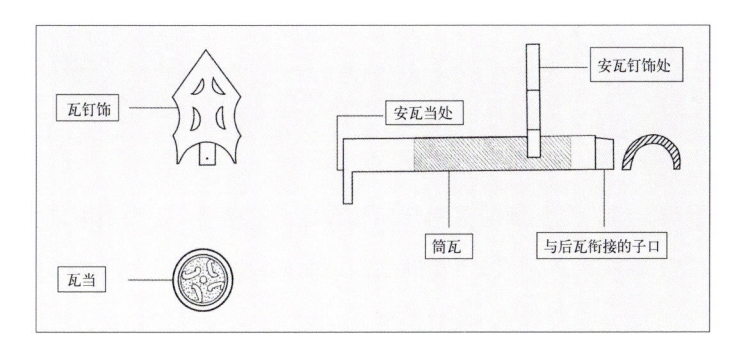

15·3　筒瓦、瓦当、瓦钉结构示意

　　在屋檐和帐顶前端作为装饰的博山，其源可远溯到战国时代固定屋瓦的瓦钉帽[1]〔15〕，战国以来至北魏，它始终是楼观等屋顶常常用到的装饰手法，河北阜城县桑庄东汉晚期墓出土的绿釉陶楼是设计最为美观合理的一例，而达到了艺术与功能的完美结合[2]〔16〕。北魏建筑依然沿用。内蒙古准格尔旗石子湾古城出土的建筑构件中，

---

[1]　如河北省平山县战国中山王墓飨堂遗址出土的筒瓦和带帽瓦钉，河北省文物研究所《䜴墓——战国中山国国王之墓》，页20，图一〇：2—5；图版八：2，图版一〇：1，文物出版社一九九六年。
[2]　河北省文物研究所《河北阜城桑庄东汉墓发掘报告》，页28，图二〇，《文物》一九九〇年第一期。

佛入中土之"栖居"（一）

16　东汉陶楼局部　河北阜城县桑庄东汉墓出土

17　筒瓦与瓦钉
汉魏洛阳城内城出土

有与桑庄陶楼上面的瓦钉形状相似者，惟稍残[1]；山西大同操场城北魏大型建筑遗址[2]，又汉魏洛阳城内城出土北魏时期上为镂空菱形饰的瓦钉，不少即插在莲花纹的筒瓦中〔17〕。瓦钉的式样虽略有变化，但与桑庄陶楼同出一源，可以说没有疑问。它被同时的帷帐取以为式，虽然已不再具有功能的意义，但帐顶平直的水平线上加饰一排博山，却是简洁中颇增玲珑秀巧，自然别有风致。

　　南北朝是帷帐兴盛的时代，它的重要变化更在于由世俗生活向佛教艺术的移植。帐顶博山仍以三角式为主，而又添加了莲花、花蕾、摩尼宝等新的造型，如河北邯郸南北响堂山北齐石窟龛楣表现出来的各式帷帐〔18〕。此外的变化是以摩尼宝与三角形相结合，合为博山，

1　崔璿《石子湾北魏古城的方位、文化遗存及其它》，页58，图八：7，《文物》一九八〇年第八期。
2　国家文物局《二〇〇三中国重要考古发现》，页130，文物出版社二〇〇四年。

18·1　北响堂山第九窟龛楣

18·2　北响堂山第三窟窟外唐邕写经造像碑龛楣

18·3　南响堂山第七窟龛楣

如前举云冈北魏石窟雕塑中的屋顶装饰。又或以摩尼宝取代博山，如天水麦积山第一二七窟天井和前披西魏壁画中的龙车〔19〕，车中双重伞盖上缘分别装饰的摩尼宝，所表现的实即辂制中的"金博山"。其实车中伞盖以及与贵盛者随行的华盖和帐的用途相同，即也是以一个方便移易的遮蔽之所来彰显对尊者的崇礼，因此基本形制，包括各种装饰，与帐是一致的。莫高窟第二八五窟东壁华盖顶端装饰的金博山与同窟藻井作为填充图案的金博山即完全相同〔20〕。而华盖两侧的一对博山式如尖角，原是表现侧视的效果，比较同窟南壁所绘华盖，便可见得更为清楚〔21〕。后世则从这一样式演变为"山花蕉叶"之"蕉叶"。

前面提到麦积山西魏壁画龙车中的伞盖上缘用装饰摩尼宝来代表博山，其实南北朝以至隋唐，在人们的理解中，博山和摩尼宝这两个

19 麦积山第一二七窟壁画

20　莫高窟第二八五窟东壁壁画

21　华盖　莫高窟第二八五窟南壁壁画

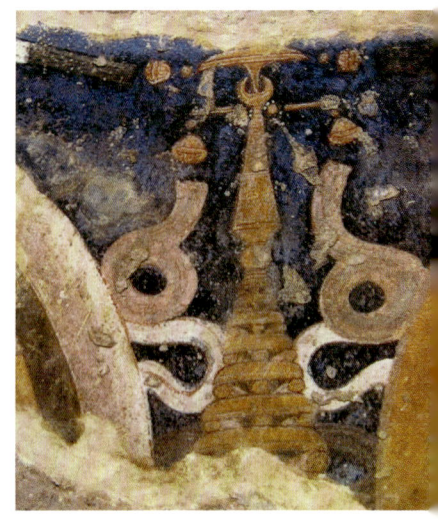

22　塔刹　莫高窟第十四窟（晚唐）西顶壁画　　　　23　巴米扬石窟第一六七窟前室北壁壁画

名称是可以互为置换的。唐释道宣《集神州三宝感通录》卷上曰"永徽元年有王颜子者，剽掠有名。夜上相轮取博山，将下至底级，两柱忽夹之，求出不得"。敦煌莫高窟晚唐第十四窟西顶绘有一幅塔图，虽然塔之下部已残，但所存塔刹部分尚清晰完整：刹顶仰月宝珠，下有宝盖，宝盖披垂悬坠金铃的四条金链。相轮四重，中贯刹竿，相轮周缘安排一溜宝珠形装饰[1]〔22〕。此宝珠形饰的意象应即博山，也便是《感通录》所言相轮上的博山。不过这种样式的佛塔似不多见，阿富汗巴米扬石窟第一六七窟前室北壁壁画中的佛塔是一例[2]〔23〕，其时代早于莫高窟。

1　孙儒僩等《敦煌石窟全集・21・建筑画卷》，图二〇九，商务印书馆（香港）有限公司二〇〇一年。按图版说明曰"相轮周边饰以宝珠"。
2　樋口隆康『バーミヤーン——アフガニスタンにおける仏教石窟寺院の美術考古学調査』（1970～1978），第一卷，图版四六：1，同朋舎一九八三年。

三　"垂鳞"与翠羽

至于第二八五窟窟顶图案的所谓"两重三角垂帐"，应是表现帐额下面叠相排列的垂额。帐额，即通贯帐端的一道边框，也可以单称作额或颜，其表通常点缀朵花之类，或即装缀构件的美化。《晋书》卷九十九《桓玄传》云玄入建康宫，"小会于西堂，设妓乐，殿上施绛绫帐，缕黄金为颜，四角作金龙头，衔五色羽葆流苏"，即此。龙门石窟北魏莲花洞南壁第二十五龛[1]〔24〕，又北魏正光元年造像碑碑阳上方的佛帐均可与文献相对看[2]〔25〕。

24　龙门石窟莲花洞南壁第二十五龛局部　　25　北魏正光元年造像碑碑阳局部

作为边饰，一溜尖端向下的三角是历时久远且使用范围很广的图案，先秦铜器即已常见。两汉用于帷帐，也用于衣饰。如发现于甘肃

1　刘景龙《莲花洞：龙门石窟第712窟》，图一三〇，科学出版社二〇〇二年。
2　《中国北朝石刻拓片精品集》，页288，大象出版社二〇〇八年。

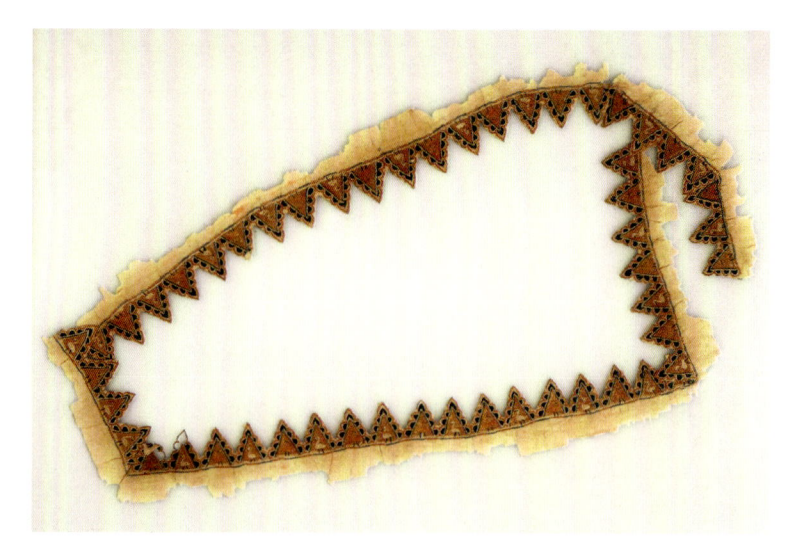

26　刺绣花边　甘肃武威磨嘴子汉墓出土

武威磨嘴子汉墓的一道刺绣花边[1]〔26〕，四川郫县宋家林东汉砖室墓出土陶女俑便是用这样的花边来装饰衣领[2]〔27〕。新疆地区汉唐时期则多用此来妆点上衣的下摆[3]。而这种装饰方法尚可以追溯到犍陀罗艺术[4]〔28〕。表现为帷帐装饰的早期之例，见于蒙古诺彦乌拉匈奴墓地发现的刺绣残片，时代约当纪元前后〔29〕，可见它的流行广远。至于名称，则很可能以施于不同的部件而有不同的命名，此外，也还有地域的分别。这里称之为"垂额"，是依据敦煌文书，如"龙兴寺点检历"中的"佛帐额上金渡铜花并白镊花，三面画垂额"[5]。点检历的时代为中唐，但名称的使用大约已经很久。

垂额是帐的组成部分，既为美观，又兼有"押"的用途，即覆于帷幔之上，使得质地很轻的丝帛能够柔顺下垂而不至于飘扬。

1　甘肃省文物局《甘肃文物菁华》，图三三八，文物出版社二〇〇六年。
2　四川博物院《四川博物院文物精品集》，页135，文物出版社二〇〇九年。
3　万芳等《新疆出土三角形及长方形衣饰研究》，页97~104，《西域研究》二〇一〇年第三期。
4　栗田功『ガンダーラ美術・Ⅱ・佛陀の世界』，图四一九，二玄社一九九〇年。
5　即《龙兴寺卿赵石老脚下，依蕃藉（籍）所附佛像供养具并经目录等数点检历》（伯·三四三二），其年代为敦煌吐蕃时期。

27　陶俑　四川郫县宋家林东汉砖室墓出土

28　犍陀罗石雕　日本私人藏

29　刺绣残片　蒙古诺彦乌拉匈奴墓地出土

30　龙门石窟宾阳中洞窟顶局部

31　四面龛造像内龛龛顶
　　纽约大都会博物馆藏

因此它也常常如同脚端下缀帘押的蒜条，而在尖脚下面垂系玉石之类，如龙门石窟北魏宾阳中洞窟顶图案中的垂额[1]〔30〕，如纽约大都会博物馆藏北齐四面龛造像内龛龛顶〔31〕，又莫高窟北周第二九七窟藻井图案中的垂额[2]〔32〕。

窟顶藻井纹样中图案化的垂额之外，方井外框又常常四面安排类

1　刘景龙《龙门石窟造像全集》第一卷，图一九八，文物出版社二〇〇二年。
2　《敦煌石窟全集·13·图案卷·上》，图五三。

32 莫高窟第二九七窟（北周）窟顶

于先秦青铜器装饰纹样的"垂鳞纹"，如莫高窟第二九六窟（北周）主室窟顶[1]。藻井图案中的井心原绘莲花（已漫漶），内外两重方井的边框均为卷草纹，其外则是黑红两色相间的"垂鳞纹"〔33〕。或称此为"垂幔"，但对比石窟壁画中随处可见的垂幔纹，——比如同窟主室南壁垂额之下用组绶节节挽系的帐幔〔34〕，即可知二者并非一事。而同窟主室西壁西王母赴会的凤车、东王公赴会的龙车，车中所设双重伞盖之上也都分别装饰与藻井图案类似的"垂鳞纹"。

作为藻井装饰纹样的"垂鳞纹"也如同垂额一般，是图案化的，而它最初的意象应是来自汉代制度中天子之车的羽盖或曰翠羽盖。

---

1 梁尉英《敦煌石窟艺术·莫高窟第二九六窟》，图七六，江苏美术出版社一九九八年。

33 莫高窟第二九六窟
（北周）窟顶局部

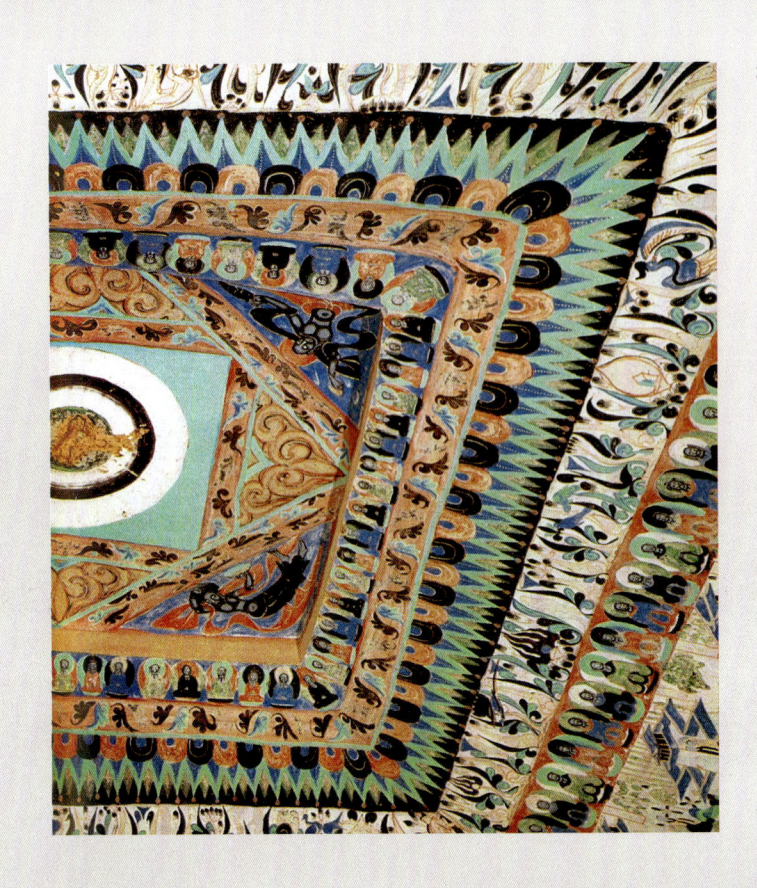

34 莫高窟第二九六窟（北周）南壁

《续汉书·舆服志》曰天子之车"羽盖",刘昭注引徐广曰:"翠羽盖,黄里,所谓黄屋车也。"张衡《东京赋》"树翠羽之高盖",薛综注:"树翠羽为盖,如云飞也,今世谓之羽盖车也。"翠羽车盖原是天子专用,但有时也可用于特赐。如《后汉书·和帝纪》曰永元四年北匈奴单于款塞乞降,李贤注引《东观汉记》:"赐玉具剑,羽盖车一驷。"总之,作为舆服制度,翠羽盖所包含的是尊崇之意。而它早就出现在幻想中的神仙世界。《九歌·少司命》"孔盖兮翠旍",王逸注:"言司命以孔雀之翅为车盖,翡翠之羽为旗旍,言殊饰也。"朱熹《楚辞集注》:"孔盖,以孔雀尾为车盖。翠旍,以翡翠羽为旌旗。"只是至今未发现翠羽盖实物,它的式样究竟如何,无法确知。不过尚有相关的图像适与文献所述宛然相符,因可得其大略。江西南昌火车站东晋墓群三号墓出土一件平底漆盘[1],漆盘内心彩绘一幅商山四皓图。图中的惠太子亦即后来的汉惠帝分别出现在情景连续的两个画面,即上为乘车而至,下为下车延请,徒步之际则有侍者持曲柄盖相随。车盖与伞盖的绿地子上面布满金黄色的獝立之物如羽翎,从故事情境来看,这里表现的应即翠羽盖,在此原是作为标识以彰显惠太子的身份[2][35]。以它为参照,可以推知石窟壁画中龙车、凤车车盖所绘"垂鳞纹"的取意,即它应是象征显赫、高贵之饰的翠羽,而变形为图案化的羽纹。华盖也有相同的做法,如前举第二八五窟南壁的一具[21],此幅之绘笔且颇存写实的意味。敦煌石窟窟顶图案便是取羽纹与垂额构成组合,一者成为层次丰富的边饰,一者如同博山一般,为帷帐意象添助尊显之意。

把一顶有表、有里,有帐顶、有垂帷的立体的帐,组织为铺展开来的平面图案而用于窟顶,自然要须一番造型语言的转换,龙门石窟北魏宾阳中洞的窟顶图案已经显示了这种样式的成熟:中心莲花,

---

1　江西省文物考古研究所《尘封瑰宝:江西配合基本建设出土文物精品》,页113,江西美术出版社一九九九年。

2　孙机《翠盖》,《中国文物报》二〇〇一年三月十八日。

35　彩绘漆盘　南昌火车站东晋墓群三号墓出土

彩绘漆盘·翠羽盖

四周飞天,莲花、莲蕾、摩尼宝组成环绕帐额的博山,又帐额、翠羽、垂额,诸般元素依次铺展,而动静疏密顾盼有致〔30〕。敦煌石窟则又将石刻转换为绘画,且加入藻井的意象而把图案安排得更加简洁和紧凑。取意于藻井的莲花为窟顶中心的主题纹样,幄帐自上而下悬缀的"五色流苏"造型不变,却是成为向着四角伸展的放射状态而形成扩展式韵律。装饰在帐顶四缘的金博山这时候便成为藻井结构中的填充纹样,与摩尼宝的结合使火焰光芒闪烁波动生出变幻感,而同回翔在四角的飞天形成呼应。取象于翠盖的羽纹和象征幄帐的垂额也被设计为四向放射的展开式,因在造型近乎方整的图案中形成一种活泼的旋律。如是化用新辞,融于旧典,且以图案态势的动静对比,营造出一种新的空间感受。

四 宝交饰

  南北朝之后,"博山"从敦煌壁画的窟顶图案中逐渐消失[1][36·1]。佛帐或佛龛上方的博山,则渐次演变为"山花蕉叶"。莫高窟第七十四窟西壁的帷帐式佛龛,帷帐两侧低垂璎珞流苏,帐顶前端所绘仰阳板上的一溜装饰纹样乃是摩尼宝与传统的圭式博山相间,此窟的时代为盛唐[2][36·2]。而这种样式先已见于南北朝造像中四面开龛的佛塔,如出自河北邺城北吴庄时属北齐的一件[37]。"山花蕉叶"之称虽然见于文献是在北宋李诫的《营造法式》,但纹样于唐代便大致定型,宋代样式已与唐代区别不大[3][38]。

  窟顶图案中的羽纹,这时候也同原初的意象脱离,或变形为花瓣式、莲瓣式,又或在花瓣的轮廓内填充图案化的花草。石窟窟顶的构图已不再取象于宫室建筑中错叠相斗的藻井,因此中心便不再统一安排近乎写实的一大朵莲花,而是多半取用流行纹样宝相花的造型,又或合抱如花朵的缠枝葡萄[4]。花心或为卧狮,或为怀抱乐器的伽陵频迦,又或盘旋着的三只奔兔,尤其显示了融会异域因素不拘一格的创造发挥。

  作为窟顶的主题图案,此际所依仿者只是幄帐,以至于把幄帐四角的莲花帐鐏和作为支撑的帐竿也表现得清清楚楚,如莫高窟第三八六窟(隋)、

---

1 莫高窟第三八〇窟(隋—唐)窟顶图案似可作为过渡期的一例,《敦煌石窟全集·13·图案卷·上》,图一六二、一六三。
2 孙毅华等《敦煌石窟全集·22·石窟建筑卷》,图一〇二,商务印书馆(香港)有限公司二〇〇三年。
3 如莫高窟第四五四窟西顶壁画中的多宝塔,孙儒僩等《敦煌石窟全集·21·建筑画卷》。
4 如莫高窟初唐第二〇九窟,《敦煌石窟全集·14·图案卷·下》,图三。

36·1 莫高窟第三八〇窟窟顶（隋—唐）

36·2 佛龛局部 莫高窟第七十四窟西壁壁画（盛唐）

37　覆钵塔（北齐）　河北邺城北吴庄出土

38　多宝塔局部　莫高窟第四五四窟西顶壁画（宋）

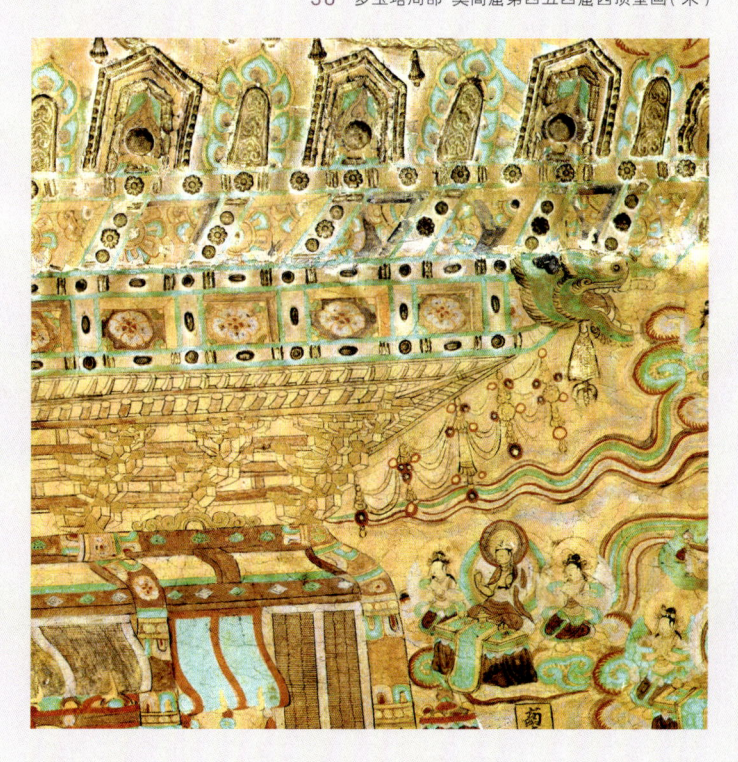

39 莫高窟第三九六窟窟顶（隋）

束莲帐鐏

第三九六窟（隋）〔39〕，第六十窟（初唐）、第二〇三窟（初唐）[1]等。南京市通济门外南朝墓出土一组南朝帷帐铜构件，适可作为壁画取样的对照[2]〔40〕。壁画中的帐竿则施以联珠、团花之类的妆点而成为图案的组成部分。窟顶中心纹样的设计便更多借鉴于同时代的织锦，富丽妍美，更富于装饰趣味。

与北朝时期不同，这时候佛帐已从日常生活中独立出来，而有了比较固定的样式，因此不同地域，不同表现形式的佛帐，式样却是大体一致的。如陕西临潼庆山寺塔地宫出土额枋上刻着"释迦如来舍利

---

1 《敦煌石窟全集·22·石窟建筑卷》，图七二至七四，图六九至七〇。按图版说明之所谓"节点"，即帐鐏。
2 李蔚然《南京通济门外发现南朝墓》，页230，图三，《考古》一九六一年第四期。

40 帷帐铜构件 南京市博物馆藏

帐顶

41·1 "释迦如来舍利宝帐"局部 陕西临潼庆山寺塔地宫出土

41·2 安阳修定寺塔及塔身局部

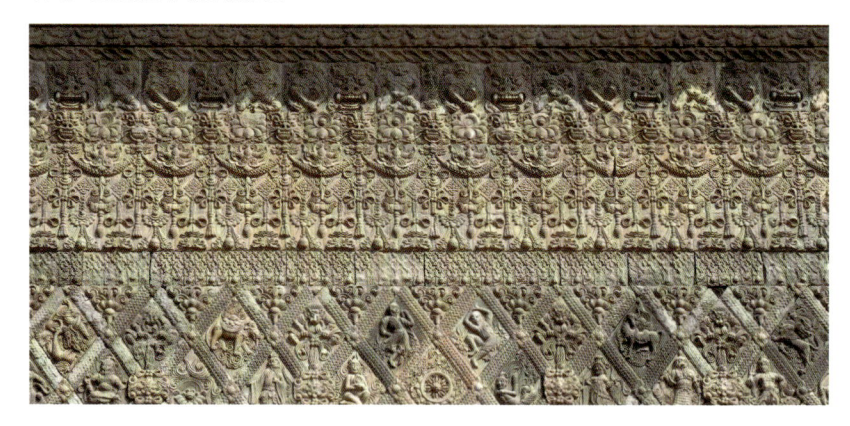

宝帐"的一具石雕帐[1]〔41·1〕,如以整个帷帐装饰浮雕于表面的安阳修定寺塔〔41·2〕,又扶风法门寺地宫出土彩绘浮雕汉白玉灵帐[2]〔42〕,均可代表唐代佛帐的基本式样。后两例则恰好显示着唐代佛帐装饰的一大特色,即帐幔之表珠宝玲珑,交错为饰。以佛帐为式的敦煌唐窟窟内佛龛与窟顶图案也正是如此。如盛唐时期的第一七一窟、第一七五窟、第一一七窟[3]〔43〕等。而自盛唐流行之后便延续下来,

---

1 原初八个字字表涂金,今已大部剥落。
2 韩生《法门寺文物图饰》,页173,文物出版社二〇〇九年。
3 关友惠《敦煌石窟全集·14·图案卷·下》,图四五、四六、五二,商务印书馆(香港)有限公司二〇〇三年。图四五说明云:"垂幔绘圆叶纹与长桶形彩幡铃铛纹,纹饰繁缛华丽,主要绘于盛唐后期。"图四六说明云:"垂幔绘圆叶纹、璎珞铃铛纹。边饰层次繁缛是盛唐天宝时期藻井装饰一重要特征。"

42　彩绘汉白玉灵帐及局部　法门寺地宫出土

43　莫高窟第一一七窟窟顶（盛唐）

44　莫高窟第三二九窟东壁北侧〔初唐〕

直到西夏和元。络绎的珠宝璎珞之下，又或衬以网幔，此式初唐已见于华盖，如莫高窟第二二〇窟北壁[1]，又第三二九窟东壁北侧。后者为说法图上方菩提双树间张起的一具缠枝卷草纹华盖，华盖下端披垂网幔，上覆珠宝相间的璎珞[2]〔44〕。窟顶图案中的一例，见于时属盛唐后期的第一七二窟[3]〔45〕，而网幔所覆珠宝璎珞更为繁丽。取式于佛帐的窟顶图案，严格说来，已不宜称作藻井。

唐代帷帐完整的实物，至今尚未发现，但帷帐构件并不鲜见，如大英博物馆藏出自敦煌的一副帷帐部件：帐额、垂额以及与垂额相间的彩带，帷帐主要部分均存，与敦煌壁画中的帷帐形制是一致的[4]〔46〕。作为帷帐装饰的珠宝璎珞，在扶风法门寺唐代地宫的出土物中也有线索可

1　《敦煌石窟全集·15·飞天画卷》，图一三三。
2　《敦煌石窟全集·14·图案卷·下》，图三六。图版说明云华盖"上有火焰宝珠，周围挂饰珠玉罗网"。
3　《敦煌石窟全集·14·图案卷·下》，图五七。说明云，"此为盛唐后期之作"。"装饰纹样绘有罗网，为藻井纹样中的一个特例"。
4　赵丰等《敦煌丝绸艺术全集·英藏卷》，图七，东华大学出版社二〇〇七年。按此件先曾收在《大英博物馆所藏日本中国美术名品展》（一九八七年），展览图录称它为"垂幕"，小笠原小枝所作图版说明云，这种样式的"垂幕"，是石窟壁面以及祭坛、天盖所使用的装饰品，此件为斯坦因当年从敦煌第十七窟所获三件"垂幕"中保存最好的一件。

45 莫高窟第一七二窟窟顶（盛唐）

46 敦煌出土帷帐部件 大英博物馆藏

47 水晶珠和水晶球 法门寺地宫出土

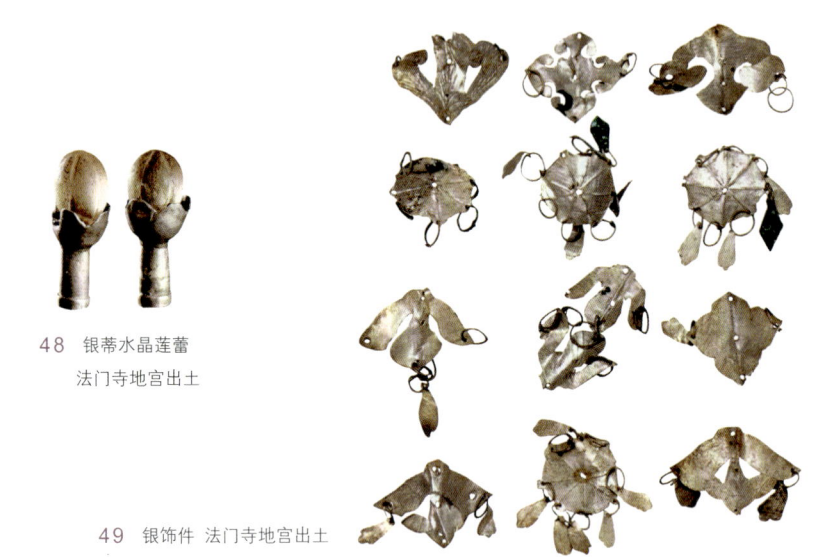

48 银蒂水晶莲蕾 法门寺地宫出土

49 银饰件 法门寺地宫出土

循。这里发现不少散落的水晶珠和水晶球：白水晶，黄水晶，大小不一〔47〕。又有银为花萼的水晶莲蕾〔48〕，还有被称作"鎏金银花饰"的各式小构件，其中做出八道凸棱者式如伞盖，边缘小孔内穿系小环，有的小环尚存留铎铃式银坠。伞盖中心有孔，自然是为着贯链悬系。又有式如玉璜者而中央部分与饰件连做，璜上三孔，顶端用作穿链悬系，两边用来贯环，环系各式坠件〔49〕。同出的玛瑙、琥珀、玉石等顶端有一个小孔的滴珠式坠件[1]〔50〕，应即帘押。以敦煌石窟中的图案

---

[1] 韩生《法门寺文物图饰》，367~369，文物出版社二〇〇九年。按玉石坠饰数件不见于《法门寺考古发掘报告》（文物出版社二〇〇七年）。

50　玉石坠件　法门寺地宫出土　　　　51　莫高窟第三九四窟北壁西侧说法图局部（隋）

为比照，如莫高窟第三九四窟（隋）北壁西侧说法图中的宝盖[1]〔51〕，可知这一类小件便是装饰佛帐或宝盖的珠宝璎珞、各式流苏，并且是使用了很久的传统方法。

帷帐或帷幔覆以珠宝璎珞，释典中称作宝交露幔、珠交露幔、宝网幔，宝铃帐、珠帐、铃网、宝璎珞网。西晋竺法护译《佛说德光太子经》："其浴池边复有八百庄饰宝树，一切诸宝树间各复有十二宝树，各以八十八宝缕转相连结；风起吹树转相敲，概出百千种音声。诸浴池上皆有七宝交露帐，……殿上有明月珠帐，垂八万明月珠，出其光明，普有所照"[2]。刘宋天竺三藏法师求那跋陀罗译《佛说菩萨行方便境界神通变化经》卷下："复有百千高大台观，七种琉璃大宝所成。有百千万阁浮檀金网，以为庄严而遍覆之。……百千万铃网，出于和适软妙音声，遍满其中"[3]。陈朝慧思撰《南岳思大禅师立誓愿文》："于时发愿：

1　敦煌文物研究所《中国石窟·敦煌莫高窟》第二卷，图一五八，文物出版社一九八四年。
2　《大正藏》第三卷，页414。
3　《大正藏》第九卷，页314。

我为是等及一切众生，誓造金字《摩诃衍般若波罗蜜》一部，以净瑠璃七宝作函奉盛经卷，众宝高座，七宝帐盖珠交露幔，华香璎珞，种种供具，供养《般若波罗蜜》"[1]。唐实叉难陀译《大方广佛华严经》卷二十二关于宝帐名称及宝帐的各种装饰，尤其形容备至，如宝铃帐、宝华帐、真金帐、瑠璃帐，铃网、摩尼网、宝璎珞网等[2]。

所谓"宝交露幔"，慧琳《一切经音义》卷二十七"宝交露幔"条曰："幔以承露，以宝交饰，又幔或露或覆，俱以宝交饰，又以宝交杂覆露于幔，又显露定幔以宝交饰，皆得名'宝交露幔'也。"又同卷"珠交露幔"："《说文》：'幔，幕也。从巾曼声'。在傍曰帷，在上曰幕。幕，覆也，覆露也。诸经'珠交露盖'、'珠交露车'，同其事也"[3]。又"网幔"条："在旁曰帷，在上曰幔。……幔上网以宝，饰之如幰之庄严，名宝网幔也。"唐窥基《普曜经》卷八："宝交露幔者，幔以承露，以宝交杂饰于露幔，又以宝交饰或显露，或以幔覆之。又以宝交杂覆露于幔，皆名露幔"[4]。唐智度述《天台法华疏义缵》卷三："珠交露幔者，露谓不覆，幔谓覆"[5]。

关于"幔"，在以上的释义中，是谓与幕同义。而反复申说之"露"与"幔"，似觉夹缠，其实均为针对幔与帷的形制而言。在这里，译经者对帷和幔的分别在于：全部垂落者，帷；连绵相延又分段挽结者，幔。这也是合乎中土文献之古义的。——《释名·释牀帐》："帷，围也，所以自障围也。""幔，漫也，漫漫相连缀之言也。"佛教艺术中所表现的帷幔形制大多如此。那么帷帐之表、如波浪般挽结在上之幔，其系结处相对于垂"覆"的部分，便是所谓"露"。因此宝交露幔、珠交露

---

[1] 《大正藏》第四十六卷，页787。
[2] 《大正藏》第十卷，页115。
[3] 按"幕，覆也，覆露也"，徐时仪《一切经音义三种校本合刊》点作"幕，覆也。覆，露也"（页927，上海古籍出版社二〇〇八年）。误。
[4] 《大正藏》第三十四卷，页813。
[5] 《续正藏》第二十九卷，页40。

幔，便是珠宝铃铎交相连缀如璎珞，满覆于"漫漫相连缀"的幔之上。若珠宝铃铎络绎如丝网满覆于幔，则即名作"宝网幔"。

流苏，释典通常写作"旒苏"。唐菩提流志译《大宝积经》卷六十四："于彼龙花微妙堂中，化作九亿种种杂色众花旒苏，悬于堂上"；"复出种种杂花旒苏，亦有种种杂香旒苏，复有种种杂宝旒苏，复出种种真珠旒苏"。又卷六十五："彼诸重阁，……复以种种宝花旒苏、种种杂色缯彩旒苏而为庄饰"[1]。慧琳《音义》卷十四"旒苏"条："上音流。《考声》云：旒苏，旗脚也。今以垂珠带为旒苏，象冕旒也。""垂珠带为旒苏"，其式仿若冕之前后披垂的珠串，这里阐发流苏的式样，最为明确。而若杂宝璎珞与旒苏交缠相牵，便总名之为"宝交饰"。

以珠宝流苏作为室内装饰，中土和印度各自有着自己的传统。《汉书》卷九十六（下）《西域传》赞中说到，开通西域之后，汉廷广开上林，"兴造甲乙之帐，落以随珠和璧，天子负黼依，袭翠被，凭玉几，而处其中"，这里的"落"，与"络"相同。朝鲜古属汉乐浪郡的墓葬中曾出土一件细竹篾编制的彩绘漆箧，箧的盖与身周边及四隅，均绘有历史人物和孝子故事。纣帝和伯夷、孝惠帝和商山四皓等画面中，垂幔间都低垂着珠和璧[2][52]。印度之例，表现明确者如阿旃陀第十六窟壁画中的柱间装饰[53~54]。如此，对于译经者来说，词汇的选择便会比较从容。而对于佛教艺术的设计者来说，则一方面有着释典的依据，一方面又可以植根于本土的传统，珠宝璎珞，环佩玉珩，可得运用自如之便，因此颇有发挥创造的空间。

敦煌唐窟窟顶图案的丰富多样，为各个时期之最。垂覆于帐幔之表的饰物，出现最多的是杂宝缯彩流苏、缯彩宝铃流苏。时属盛唐者，如前面举出的莫高窟第一一七窟，又第七十九窟、第三十一窟[55~56]。

---

1 《大正藏》第十一卷，页369。
2 梅原末治等《朝鲜古文化综鉴》第二卷，图版二九，养德社一九四八年。

垂幔间的珠和璧

52 彩绘漆箧局部 朝鲜古属汉乐浪郡墓葬出土

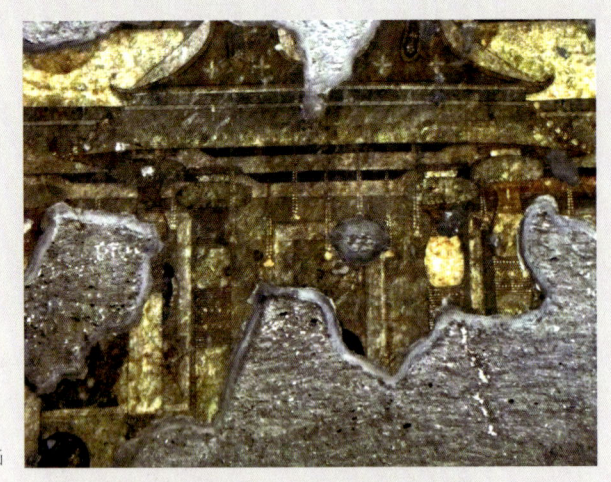

53 阿旃陀第十六窟壁画

54 阿旃陀第十六窟壁画

缯彩宝铃流苏

杂宝缯彩流苏

55　莫高窟第七十九窟窟顶（盛唐）

56　莫高窟第三十一窟窟顶（盛唐）

57　莫高窟第三五九窟窟顶（中唐）

中唐如第三五九窟〔57〕，晚唐如第九窟、第一九六窟〔58~59〕。前举盛唐第一七二窟窟顶图案，乃珠宝铃铎络绎如丝网满覆于幔，是为宝网幔。中唐第二〇一窟〔60〕、第一五九窟窟顶帷幔，则杂宝璎珞或杂花璎珞与缯彩宝铃流苏交相连缀，是为宝交饰。与窟顶图案相同的意匠，也见于石窟两壁与佛龛内壁画，如莫高窟盛唐时期的第一二九窟、第一七一、一七二窟等佛龛壁画[1]〔61~63〕。

　　总之，窟顶图案中，垂覆于丝帛之表的各式流苏铃铎和宝交饰不仅使得帐幔璀璨妖娆，且为静止的造型赋予动感，仿佛如释典所云，微风起处，宝缕珠玉转相敲，于是百万种软妙音声齐出矣。

1　以上诸例见《敦煌石窟全集·14·图案卷·下》。

58 莫高窟第九窟窟顶（晚唐）

宝交饰

59 莫高窟第一九六窟窟顶局部（晚唐）

60 莫高窟第二〇一窟（中唐）

61 莫高窟第一二九窟西龛内（盛唐）

62　莫高窟第一七一窟西龛内（盛唐）

63　莫高窟第一七二窟西龛内（盛唐）

以敦煌石窟窟顶图案为例，不难从设计构思随着时代而发展演变的过程，梳理出一条很清晰的脉络，可见设计者始终不离生活的浸润与滋养，而不断从中提取美的因子，复在此基础上发挥创造。在通常并不太大、有时甚至是很小的空间里，石窟设计者大约总在尽量避免压抑感，甚至庄严肃穆也不是他的追求，这里更多表现的是热烈、活泼的生活情趣，而将世间的美善集于一堂。在这一意义上，竟可以说是以化用世俗因素的办法，使佛国世界更加贴近人心。这里当然包含着对外来图样的化用和对佛经中的叙述灵活运用。而来自异域的元素，通常是以"化"的形式与传统的艺术语汇融合在一起，最终统一——其实不如说"溶化"——在结构绵密的秩序里。在这一过程中，中土装饰传统（造型、纹样、理念等）的强势，几乎贯穿始终。

结　语

隋唐以前，敦煌石窟窟顶图案的设计意匠是藻井与幄帐的合一。设计者选择了礼制中象征尊崇、华贵的造型语言，莲花、博山、羽纹，图案的构成元素几乎都有出典，寻踪可得意象之所在。此际之绘画风格韶秀昳丽，多有逸笔纵横之趣。

北朝之后，隋唐以来，窟顶图案意匠一变，即所依仿者为同时代造型与纹饰均走向成熟的佛帐。帐顶、帐构、帐竿以及帐的各种妆点，模仿对象被添入浓郁的装饰意趣而使得原初的意象一步步图案化，布局则趋向绮错密丽，于是催生出繁花似锦之妍美。

五代而宋与西夏，窟顶图案的设计构思又是一变。团龙、团凤，

64　莫高窟第五十五窟窟顶（宋）

二龙戏珠，龙凤为窟顶中心图案成为主流[1]〔64〕。很明显，它是取式于中原地区的殿堂藻井纹样[2]，可见石窟的装饰设计与传统礼制结合得更为紧密。这一时期，窟顶图案中帷帐的意象逐渐隐退，式样也很少再有新的变化，不过是作为传统的装饰纹样延续使用，且不仅窟顶，甬道和壁画的上端也常以此作为边饰。这时候，它才真正成为"帷帐纹"。此际流苏也已经程式化，最常见的式样为释典所云杂花流苏、宝花流苏，有的并以浮塑的方法见出玉石质感，如莫高窟宋窟和西夏窟中的第七十六窟、第三十五窟、第三七八窟、第三六七窟〔65~67〕，

1　如莫高窟第五十五窟，《敦煌石窟全集·14·图案卷·下》，图一九一。
2　如山西应县金代所建净土寺大殿明间斗八藻井所饰二龙戏珠，刘敦桢《中国古代建筑史》，页248~249，中国建筑工业出版社一九八〇年。

65　莫高窟第六十一窟窟顶局部（五代）

66　莫高窟第七十六窟窟顶图案局部（宋）

67　莫高窟第三六七窟北壁（西夏）

68　榆林窟第十四窟窟顶图案局部（宋）

又榆林窟第十四窟〔68〕，等等。末一例在帷帐纹中添饰彩幡，是一点特别之处[1]。

在这里我们也可以发现，窟顶图案中帐的意象传承最久。虽然经历了从意象到图案，从象征意义到装饰趣味的不断演变，以至于成为一种程式化的构图方式延续到西夏和元，但基本造型与主要构成元素却始终保留。统一的节奏，变化的韵律；局部组合的紧凑，整体效果的舒展，这些稳定和持久的形式要素成为窟顶图案长期遵循的组织模式。敦煌石窟作为个案，以它数量的集中和内容的丰富，而可以说是最有代表性的。

［初刊于《丝绸之路·图像与历史》，东华大学出版社二〇一一年，题作《敦煌早期至隋唐石窟窟顶图案的意象及其演变》］

---

[1] 以上诸例除第三六七窟外，均见《敦煌石窟全集·14·图案卷·下》。杂花流苏，图版说明称为"花串纹"。第三六七窟为西夏窟，见郑汝中《敦煌石窟全集·16·音乐画卷》，图二八，商务印书馆（香港）有限公司二〇〇二年。

佛入中土之『栖居』（二）
——帐、伞、幢、幡细部构件的考订

帐、伞、幢、幡细部构件的名称，存在着两套话语系统，其一为文人雅士，它以华丽的辞藻活跃于诗词歌赋；其一为民间工匠，它以俗语的形式应用于设计和制作。而与实物的对应关系，二者有时是一致亦即重合的，有时则不同，这便要取决于各种相关因素。此外尚有一点，即释典中的称谓，这里却又生发出名称的迻译，它关系于语言，也关系于对器物的理解和认识。

帷帐的构件与各种装饰出现在两晋南北朝至隋唐诗文中，有日常生活场景，也有对寺院布置的形容，而以前者为多。比如帐额，——卢照邻《长安古意》"生憎帐额绣孤鸾，好取门帘帖双燕"；王绩《三月三日并序》"幛额钩枝，钗梁填粟"；和凝《薄命女》"冷雾寒侵帐额，残月光沉树杪"。又如帷帐之饰，——沈约《伤美人赋》"拂螭云之高帐"；江淹《丽色赋》"于是帐必蓝田之宝，席必蒲陶之文"；江总《新宠美人二首》"新人羽帐挂流苏"；温庭筠《晓仙谣》"遥遥珠帐连湘烟"，等等。帷帐是席坐时代起居坐卧的重要器具之一，室外，张设临时的起居之所；室内，分隔不同的活动空间，不唯遮风避雨，且使内外有别，尊卑有序。在诗情赋笔中，它每因诗人体物之工细而见出精丽华美，且作为诗之物象而传达情愫。

出现在敦煌文书点检历中的帐、伞、幢、幡，则是敦煌佛事中具体而微的物件。由此中列举的相关名称，可见出材料、质地、形态以及它们的拼接组合。如龙兴寺点检历，亦即《龙兴寺卿赵石老脚下，依蕃藉（籍）所附佛像供养具并经目录等数点检历》（伯·三四三二），其年代为敦煌吐蕃时期。这一件什物帐很早就受到注意，日人池田温在《中国古代帐籍研究》一书中即已援引[1]。法国学者侯锦郎对此也有专门的讨论[2]。但对其中所列各种器物究竟为何物，又形制、用途究竟如何，似乎至今未有全面而深入的研究，因此它的若干断句和标点也未能做得允当。这里且将准备讨论的部分依《敦煌社会经济文献真迹释录》所作的标点摘录于下：

佛帐额上金渡铜花并白镪花三面画垂额壹。
故四福锦绢幢壹，罗锦绣者舌。
又四福故幢贰，杂色罗表，色绢里，高梨锦屋并者舌锦绣罗带木火珠。
又故汉幢壹，杂色罗表，色绢里，锦屋罗锦绢者舌带。
又肆福罗表、绢里、高离锦屋幢壹，锦绣者舌并带。
故不堪受用，杂色罗表、色绢里、锦屋幢壹。伍福罗锦绣者舌并带。
析高离锦表色绢里伞壹，红绢裙并丝悬针线袋罗网并金铜杏叶庄严周围柒箭。在行像社。
故小白绫伞贰，色绢者舌，周围一箭半。
故生绢画幡贰拾肆口，长柒尺，并有连提。
故珠幡贰，又小珠幡贰，不堪受用。又故金花幡三，不堪受用。
金渡紫绢佛帐额，长壹箭半，阔壹尺，肆条。故绯绣罗额长壹箭半。白绣罗额两段，壹箭半。
故画布幡拾壹口各长陆尺。
故黄绢额，长壹丈三尺，不堪受用[3]。

此所列举之物，为帐，为伞，为幡，为幢。而帐、伞、幡、幢原

---

1 《中国古代帐籍研究》中译本（龚泽铣译），页377，中华书局一九八四年。
2 《敦煌龙兴寺的器物历》,《法国学者敦煌学论文选萃》，中华书局一九九三年。
3 唐耕耦等《敦煌社会经济文献真迹释录》第三册，页2、页5，全国图书馆文献缩微复制中心一九九〇年。

是各个部件分制,最后再连缀为一,如果其中的若干部件有缺失,也不妨分别补缀,作为物帐,于此自然也要分别计数。但如果对这一类物品的形制不很了解,断句便不容易准确表达原意。比如四福故幢一项,"高梨锦屋并者舌锦绣罗带木火珠";又高离锦表色绢里伞一项,"红绢裙并丝悬针线袋罗网并金铜杏叶庄严周围柒箭";又故锦屋幢一项,"伍福罗锦绣者舌并带",等等,所云毕竟何物,究竟几事,是否可以如此作一气读,便很有进一步斟酌的必要。并且令人困惑的更在于作为帐、伞、幡、幢的各个部件,其名称或有鲜见于典籍者,即如"者舌"[1],——《魏书》卷一二〇《西域传》有"者舌"国,乃"故康居国"也,显然与这里的"者舌"无关。它的流行范围大约不很广,流行的时间也不会很长,且多半是活跃在佛教用器制作的工匠口中。因此我们讨论它的形制与用途,便只能从已知的物品形制与结构来分析,亦即名物研究的方法,最后再检验是否因此可以把文书读通。

一　帐:帐额,垂额,沥水,蒜条,帘押

帐分平顶和盝顶,而不论哪一种,帐前总有通贯帐端的一道边框,也可以单称作额或颜,其表通常点缀朵花之类。它最初应是用于固定帐额所系坠的诸般物事的构件,构件暴露在表面的部分或加以装饰,由此逐渐发展出各种花样。前篇所引《晋书》卷九十九《桓玄传》,所谓"殿上施绛绫帐,缕黄金为颜",颜,即帐额,此即帐额点缀镂金饰件。帐额上方早期装饰金博山,以后演变为山花蕉叶,并成为营造法

---

[1] 《敦煌龙兴寺的器物历》引录此句,注云:"'者舌'是指一种需要确定其意义的罗表的组成部分,也出现于 P·2613 号写本中(被断代为 873 年)。池田温于其刊本(页 579)中将'者'字改为'赭'而又未作解释。"《法国学者敦煌学论文选萃》,页 93。

式而为佛帐所专用。

帐额下方有沥水和幔。沥水之称也见于龙兴寺点检历,即"阿难裙,杂锦绣并杂绢补方,并贴金花庄严,番锦缘及锦绢沥水"[1],此所谓"番锦",当指粟特锦或纹样风格取法于粟特锦者,《敦煌丝绸艺术全集·英藏卷》收录出自敦煌的一件"联珠对狮纹锦缘经帙",即其例[2]。而"锦绢沥水",便是裙脚所垂之饰,——此由敦煌莫高窟的阿难塑像可以看得很清楚,甚至锦的质地也能认得分明,如莫高窟第三二二窟和第三二八窟西龛,又莫高窟第四十五窟西壁[3]〔1〕,等等。以莫高窟第四十五窟阿难塑像为例,其袈裟之里所服即为绿地团花阿难裙,袖口、领襟以锦缘边,裙角垂锦绢沥水,此即所谓"番锦缘及锦绢沥水"。若更用贴金的办法装饰锦缘纹样,则即"贴金花庄严"也。帐幔颜下的沥水式样与此相类,不过沥水和幔在敦煌壁画中有时只表现其一,

---

1 《敦煌龙兴寺的器物历》引录此句,注云:"这一词组的意义尚有待于确定;《法国学者敦煌学论文选萃》,页92。
2 赵丰等《敦煌丝绸艺术全集·英藏卷》,图五五,东华大学出版社二〇〇七年。
3 杨雄《敦煌石窟艺术·莫高窟第四五窟附第四六窟(盛唐)》,图一九,江苏美术出版社一九九三年。

1 阿难像及局部　莫高窟第四十五窟西壁

2 莫高窟第六十一窟甬道北披壁画

沥水

幔

实际应用或者也是如此。两事俱备者,可举时属五代的莫高窟第六十一窟甬道北披之幅为例[1]〔2〕。

帐额沥水的上面通常叠相排列三角形饰,此即前篇讨论的垂额,垂额之间又错落系结珠玉相贯的垂饰和末端出尖的罗锦类长带子,垂额以及长带之端复结系坠件,或铃,或滴珠形饰。帐的两侧则有结束帐幔的两根流苏。末端出尖的罗锦类长带子,诗词歌赋中称之曰蒜条,

---

[1] 关友惠《敦煌石窟全集·14·图案卷·下》,图二四三,商务印书馆(香港)有限公司二〇〇三年。

3·1 "桃形工艺品"正面 莫高窟北区出土　　3·2 "桃形工艺品"背面

后世又名葱条。蒜条和垂额末端结系的滴珠形坠饰称作帘押,后世又称银蒜。不过所谓"银",其实多半是诗歌中用于咏物的美称[1],却未必是其质地的真实描绘,以后它一面作为押帘、押帐之物的一个固定名称沿用下来,一面成为帘、帐必有的装饰而不拘质地[2]。前篇已举扶风法门寺地宫出土玉石帘押,此外,敦煌莫高窟北区石窟B一六三窟出土一件时属元代的"桃形工艺品"[3]〔3〕,或者也是帘押之类。

总之,如前篇所讨论,沥水、帘押等帐额下端的一系列装饰,与垂额相同,都是既为着美观,又兼有"押"的用途,便是使质地很轻的帐幔能够柔顺下垂而不至于飘扬。庾信《梦入堂内》"幔绳金麦穗,

---

[1] 此物在日常生活中,多用于帘,唐五代至两宋,颇有诗词文赋述其事。如李贺《河南府试十二月乐辞·五月》"雕玉押帘上,轻縠笼虚门";李商隐《灯》"影随帘押转,光信簟文流";罗隐《效玉台体》"晚梦通帘押";又《云仙散录·真珠帘押》条:"于授幼时,家以绿真珠胜为帘押";欧阳修《帘》"银蒜钩帘宛地垂";王珪《宫词》"纱幔薄垂金麦穗,帘钩纤挂玉葱条";苏轼《哨遍·春词》"睡起画堂,银蒜押帘,珠幕云垂地";葛立方《西江月·开炉》"翠箔低垂银蒜";蒋捷《白苎》"旋安排,一双银蒜镇罗幕";张炎《浣溪沙》"犀押重帘水院深,柳绵扑帐昼愔愔",等等。

[2] 杨慎《丹铅总录》卷八"银蒜"条胪举宋人咏银蒜之作,曰"银蒜,盖铸银为蒜形以押帘也",不确。

[3] 其高为9.2厘米,宽6.8厘米。报告云:"正面为蓝色绢上用金粉绘云纹。背面中间贴有纸。边缘贴木质的叶脉状饰物一圈十一个,涂成孔雀蓝色。用途不详。"此窟同出还有贴饰金箔的绢幡等。彭金章等《敦煌莫高窟北区石窟》第三卷,页145,彩版一七:6,文物出版社二〇〇四年。按:对照该书正文对器物的描述,图版说明文字似将此物的正、背两面标示颠倒,本篇之援引已把它颠倒过来。

4 云冈石窟第九窟

帘钩银蒜条";《咏画屏风二十四首》"玉押珠帘卷,金钩翠幔悬",所咏即是这一类。这里说帘,其制与帐并无不同,因此押帘、押帐所用为同一物,所谓"帘押",其实是把帐也包括在内的一个统称。而诗之"幔绳金麦穗",便是帘或帐的两侧用作挽结的流苏。麦穗式的"幔绳",也是南北朝时期石窟佛帐最为常见的装饰。云冈石窟有一排天人手牵"麦穗"式幔绳的形象〔4〕,此是来自犍陀罗艺术的华蔓样式[1]〔5~6〕,而在尼雅遗址,也可以看到它用于建筑装饰[2]〔7〕。不过差不多与云冈同时,即已出现了与中土传统相合的兽面口衔幔绳,并且很快流行开来。庾信的时代,用于装饰佛帐的"幔绳金麦穗",早已是这一类。

帐额之下、沥水之上的帘押原是很有视觉效果的部件,那么该是颇费巧思,——不论质地还是式样。由北齐东安王娄睿墓壁画中的一幅帐中夫妇并坐图可以见出帷帐的种种华丽。帐颜有金花饰,颜下有幔与垂额,其上间垂蒜条和珠玉贯穿的流苏式帘押[3]。随着佛教东传,

---

1 穆罕默德·瓦利乌拉·汗《犍陀罗:来自巴基斯坦的佛教文明》(陆水林译),页137,五洲传播出版社二〇〇九年。
2 浙江省文化厅等《丝绸之路沙漠王子遗宝展》,页40,中国丝绸博物馆二〇〇〇年。
3 山西省考古研究所《北齐东安王娄睿墓》,彩版六〇,文物出版社二〇〇四年。按报告称图中的帘押为"垂髾",蒜条为"绶带"(页68),实误。

5 犍陀罗石雕 新德里印度国家博物馆藏

6 犍陀罗石雕 东京国立博物馆藏

7 雕花门柱 尼雅遗址出土

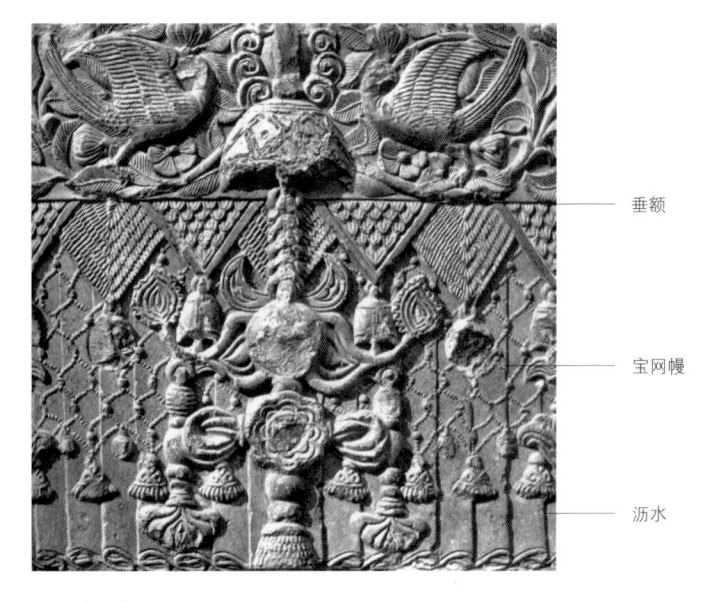

8　修定寺塔塔身帐幔雕砖

中土早有的这一种做法也移用于佛帐，它因此成为佛教艺术中很重要的一个表现内容，且常常极意刻画出它的精致，如河南安阳修定寺塔塔身通体贴饰的雕砖。帐幔形制在这里雕刻得细微如绘，帐颜上一对鸟，下垂沥水，沥水上面是悬系着坠饰的宝网幔，其上纹样不一的垂额叠相错落。最后是一挂装饰繁丽的流苏式帘押，上有各式精巧的小件[1]〔8〕。这一类帘押佛经称作"宝交饰"，用宝交饰装点起来的帐幔，佛经称作"宝交露幔"。此于前篇已经论及。

现在可以来检视龙兴寺点检历中关于佛帐的记述。

一、佛帐额上金渡铜花并白锡花、三面画垂额，壹。

二、金渡紫绢佛帐额，长壹箭半，阔壹尺，肆条。

三、故绯绣罗额长壹箭半。

四、白绣罗额两段，壹箭半。

---

[1] 河南省文物研究所等《安阳修定寺塔》，图版六二，文物出版社一九八三年。按此塔的创建可追溯到北朝，其中不少雕砖尚带有明显的北齐作风，现存塔身建筑应是唐代重修时建造，见该书页28。

这里帐额的计量单位为"条",此"条"是指横向的一条。第一项中的"金渡铜花并白锡花",描述的是帐额上端莲花、莲蕾等各种装饰。"垂额",则为帐额下面的三角形饰。如此,这里所录之物便是佛帐额一件,其上装饰铜镀金之类的"山花",其下三面有彩画的垂额。第二项"金渡紫绢佛帐额",即紫绢的帐额上面贴镀金花饰。《唐咸通十四年正月四日沙州某寺交割常住物点检历》(伯·二六一三)所列有"画紫绢佛帐额带肆条,金花贴",二者应是同类物。至于三、四两项之"绯绣罗额"、"白绣罗额",则只是绣罗帐额而已,其上并没有再贴金花或镀金花饰,即如前篇所举大英博物馆所藏的那一件。

二　幢、伞,华盖:锦屋、者舌、带、柱子

流行于两汉魏晋南北朝的覆斗帐,其式原是仿自居室建筑,而成为可以移动的起居所。同时流行的华盖,与帐的用途相同,即也是以一个方便移易的遮蔽之所来彰显对尊者的崇礼,因此基本形制与帐是一致的。幢则犹如一具多重华盖,其结构自然也与华盖相类,因此华盖与幢的各种构件和基本制作方法与帐都很相近。

伞的踵事增华,便成就为华盖,比如上结宝珠顶,下垂璎珞网,如时属盛唐的莫高窟第一七一窟北壁之幅[1][9]。而伞下又可以接幢,如此式样的幢因又称作幢伞,敦煌文书斯·二一四六《置伞文》"若论护国匡帮,无过建斯幢伞";莫高窟第一四八窟南壁听法菩萨上方[2][10],又第一七二窟东壁南侧普贤菩萨两旁所张,即其式[3][11]。

---

1 《敦煌石窟全集·14·图案卷·下》,图一〇八。
2 贺世哲《敦煌石窟全集·7·法华经卷》,图一四二,商务印书馆(香港)有限公司一九九九年。
3 罗华庆《敦煌石窟全集·2·尊像画卷》,图一六四,商务印书馆(香港)有限公司二〇〇二年。

佛入中土之"栖居"(二)　63

曾有西风半点香

9　莫高窟第一七一窟北壁壁画

11　莫高窟第一七二窟东壁南侧壁画

10　莫高窟第一四八窟南壁壁画

两例时代均为盛唐。伞和幢的各个部件因此多很一致，而又与帷帐相通乃至相同。如果以帐为据来表述伞和幢的结构，那么就是：伞顶或幢顶其下周环一道为额，额下垂沥水，沥水上面叠相错落垂额与蒜条。只是伞和幢的细部构件在敦煌文书点检历中或另有名称，这也正是下面要特别讨论的部分。

关于幢，龙兴寺点检历所列共五项，现在根据我的理解把它重新标点：

一、故四福锦绢幢壹，罗锦绣者舌。

二、又四福故幢贰，杂色罗表、色绢里、高梨锦屋并者舌，锦绣罗带，木火珠。

三、又故汉幢壹，杂色罗表、色绢里、锦屋，罗锦绢者舌（并）带。

四、又肆福罗表、绢里、高离锦屋幢壹，锦绣者舌并带。

五、故不堪受用，杂色罗表、色绢里锦屋幢壹，伍福，罗锦绣者舌并带。

这里列出的幢，均以罗为表，以绢为里。所谓"锦屋"，则指多重锦幢中的一重，罗表、绢里之外，更加周回披垂的锦幢裙子，即"锦屋"之一"福"，其式同于帐之沥水。前引伯·二六一三登录有"故破碎罗锦幢裙子捌，并杂绢里；破碎高离锦幢裙子贰拾，内壹全"，可以与它相对看。

"福"，引录者或在其后加括"幅"字[1]，此在敦煌文书中固有其例，如《乙未年押衙李应子欠驼价绢凭》（伯·四八八五）所谓"熟绢壹疋，长三丈柒尺，福贰尺"。但龙兴寺点检历说幢之"福"似与通常所用的"幅"意义并不完全相同。因为"福"前有数量词，而"福"后却无尺寸说明，那么"福"在这里该是一个计量单位。如第五项"锦

---

[1] 《敦煌龙兴寺的器物历》，《法国学者敦煌学论文选萃》，页81~82；郝春文《唐后期五代宋初敦煌僧尼的社会生活》，页133，中国社会科学出版社一九九八年。

屋幰壹，伍福"，这里的"福"，应即伞幰式锦幰的一个单元亦即一"屋"；"伍福"，则五重相迭之幰也。如时属中唐的莫高窟第二三一窟西壁龛外北侧文殊变之幅[1]〔12〕，所绘三重幰，便是三"福"。而多重，本来是唐幰的特征之一。如此，"高梨锦屋"，便是用高丽锦制作的"锦幰裙子"而成为幰之一重，"伍福"者，凡五重也。

然而所谓"罗锦绣者舌并带"，又第二项之"高梨锦屋并者舌，锦绣罗带"，其中的者舌与带究竟何物呢？

者舌之名见于释典。徐时仪等《一切经音义三种校本合刊》之慧琳《音义》卷二十六"即便有娠"条："尸仁反。怀胎也。经作身。如如盖是一，赭舌是多。者应赭字，乃是盖，四面垂綵。綵舌也。"校记云："'者应赭字，乃是盖四面垂綵。綵舌也'似有讹误。检《大般涅槃经》卷三十五：'若有说言：涅槃体一，解脱是多。如盖是一，牙舌是多。'"[2]

关于者舌，《音义》中的这一段释义便是确解，只是《合刊》对于它的处理，一是标点有误，一是校注有失。而慧琳

12　莫高窟第二三一窟西壁龛外北侧壁画

1　胡同庆《敦煌石窟艺术·莫高窟第一五四窟附第二三一窟（中唐）》，图一三六，江苏美术出版社一九九四年。
2　同1，页962，上海古籍出版社二〇〇八年。

《音义》此条确有讹误，并且不止一处，惟讹误非是《合刊》所举。

"即便有娠"条本为解释北凉昙无谶译《大般涅槃经》卷三十五经文中辞，但很可能释文原为两条，后误作一条。经文云："譬如孔雀闻雷震声而便得娠，又如青雀饮雄雀尿而便得娠，如命命鸟见雄者舞即便得娠"[1]。《音义》所谓"尸仁反。怀胎也。经作身"，便是解释以上几句中的"娠"。这原是经文设难之辞中的第二条。设难之辞中的第七条为"若有说言：涅槃体一，解脱是多。如盖是一，牙舌是多"。那么《音义》"尸仁反。怀胎也。经作身"以下数言，应是阐明"如盖是一，牙舌是多"之经义，自当另成辞条曰"如盖是一，牙舌是多"。此外，慧琳所见之本此句必是作"者舌"，而不作"牙舌"。而者舌正是当日通行于佛教寺院的一个名称，因此方频繁出现于敦煌文书中的点检历。

除此之外，"如如盖是一"句，似衍一"如"字。又"橥舌是多"之"橥"，原当为"者"，否则释义之"者应橥字"便无所指。而下文"乃是盖四面垂䌨䌨舌也"，自应点作"乃是盖四面垂䌨，䌨，舌也"。《合刊》作"者应橥字，乃是盖，四面垂䌨。䌨舌也"，则不仅使得《音义》与所释经文相互矛盾，且文义无法通贯。又《音义》末句"喻涅槃是一，解既是多"，"既"似为"脱"之讹，或是形近致误。

如此，慧琳《音义》"即便有娠"一条的正确解读，应是将"经作身"以下的一段文字剥离出来，别成辞条曰"如盖是一，者舌是多"，读作："者应橥字，乃是盖四面垂䌨。䌨，舌也。喻涅槃是一，解脱是多。"

《音义》此条校勘既毕，出现在敦煌文书点检历中的"者舌"遂得的解，即者舌亦即橥舌，又或作牙舌[2]，便是伞盖边缘的垂覆之饰。依照《敦煌伞盖的材料和形制研究》一文提出的意见，则它乃是伞盖外

---

[1] 《大正藏》第十二卷，页570。
[2] 《赵城金藏》广胜寺本作"橥舌"，《中华大藏经》第十四册，页389，中华书局一九八五年。《大正藏》作"牙舌"，如前引。又南本《大般涅槃经》卷三十二："涅槃体一，解脱是多；如盖是一，牙舌是多。"《中华大藏经》册十四，页867，底本为丽藏本。

缘叠相垂缀作齿状排列的一周三角形饰[1]。

者舌或曰牙舌，其式样与作为帷帐装饰的垂额几乎无别。或者可以认为，此饰在帷帐、在伞幢，有着不同的称谓。而作为物件名称，"者舌"的使用范围其实是很小的，很可能仅局限于寺院，使用的时间大约也不长。那么只能说，关于"者舌"，这里只是找到了敦煌文书点检历所列举之名称与佛经的对应，并进而推定它与实物的对应，却无法把"者舌"作为这一类装饰的通行用名。至于经文作"牙舌"，当是译经者依其叠相垂缀作齿状排列的样式而名之，此与魏晋南北朝时期幡、旆、幢上面的牙饰似乎相通[2]。然而"牙舌"何时以及何以成为"赭舌"与"者舌"，目前尚不得确解，不过慧琳释"者舌"为"盖四面垂綵"，自是依照伞盖在中土广为流行的形制，即我们今天可以看到的敦煌以及其他佛教艺术中伞与幢的一种主要表现形式。

依此，点检历第三项"罗锦绢者舌带"的"者舌"与"带"之间原应有一个"并"字，即"罗锦绢者舌并带"，意为者舌与带的质地均为罗锦绢。只是"罗锦绢"中有叙述的省略。如实物和图像所示，者舌多非同样花色、一种质地，而总要以拼缀的办法制作得华丽。那么所谓"罗锦绢者舌带"的"罗锦绢"，似可理解为罗、锦、绢，便是指拼缀为者舌以及制作带的各种材料。

从图像来看，带又分作两种：一种是单色的彩带，其上没有纹饰，亦非拼缀而成；一种则即"鳞形垂带"，——以鳞形为多，尚有其他。如《敦煌丝绸艺术全集·英藏卷》中著录的两件"鳞形垂带"[13]，作者述其形制曰，"垂带呈鱼鳞状，由不同的织物一片压着一片地缝合，大小逐渐递减，最后形成一条彩色的长条"；"整个垂带里衬橘红色绢类织物"。其一"依次为带有不明花纹的深蓝色绮、绿色菱格纹绮、

1　王乐等《敦煌伞盖的材料和形制研究》，《敦煌学辑刊》二〇〇九年第二期。
2　关于幡、旆、幢之牙饰的考证，见扬之水《古诗文名物新证·幡与牙旗》，页492~495，紫禁城出版社二〇〇四年。

13　帷帐部件　大英博物馆藏

橘红色绮、绿色绢、黄色绢、深褐色素罗、橘红色绮、棕红色素罗和白色绢"。其一"从上到下依次为咖啡色绢、黄色绢、红色绢、黄地花卉纹夹缬绢、红色绢和蓝绿色花卉纹绫"[1]。单色的彩带，敦煌文书中称作"带"；拼缀而成的"鳞形垂带"，文书称作"柱子"。如伯·二六一三《唐咸通十四年正月四日沙州某寺交割常住物等点检历》所列："大白绣伞壹。白布里，长壹丈叁尺，阔壹丈；龟背青绫裙、红锦腰，阔伍寸；司马锦里杂色绢柱子玖拾柒枚，各长壹尺玖寸；绯绢带玖拾陆双，各长贰尺贰寸；白绫者舌玖拾陆。"这里的"绯绢带"，便是单色的彩带；"柱子"，则即"鳞形垂带"[2]。只是"柱子"的称谓用在此处显得有些怪异，然而正是在这样的名称里为我们提供了追索图式来源的线索。

莫高窟早期洞窟中有一类装饰于洞窟壁画下方的所谓"垂帐纹"，帐下所垂条状饰物底端略如柱础而平滑上收，造型适如柱子一般，

1　《敦煌丝绸艺术全集·英藏卷》，图八。
2　王乐等《敦煌伞盖的材料和形制研究》。

佛入中土之"栖居"（二）　　69

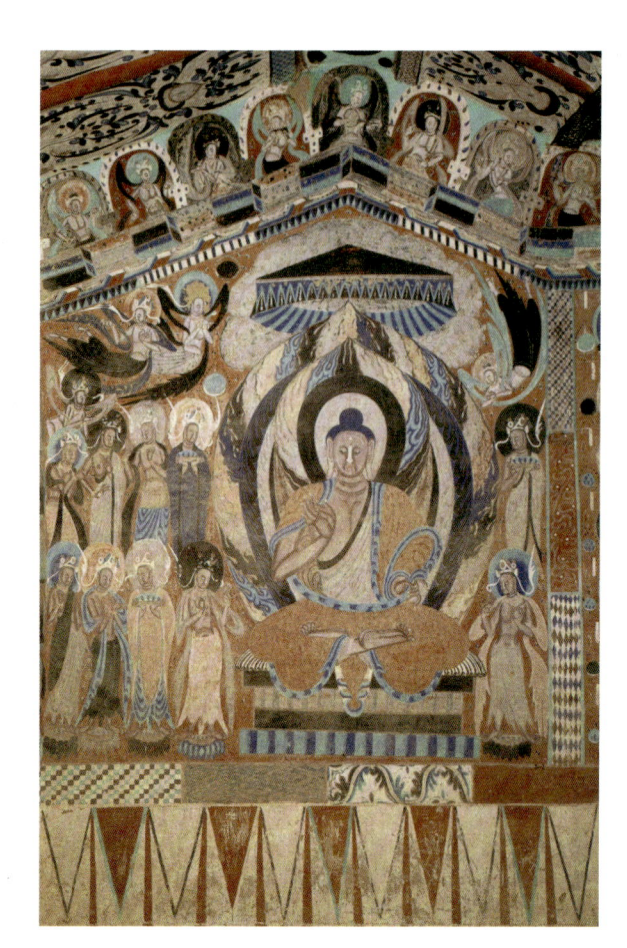

14 莫高窟第二八八窟南壁东侧一佛十菩萨说法图

如莫高窟北凉时期的第二七五窟、西魏第二八八窟、北周第四二八窟[1]〔14～15〕。它的图式渊源乃在西域。喀布尔博物馆藏出自巴米扬石窟第四十三窟的一幅壁画，画中坐佛与王之间以佛塔为间隔，而佛塔下方的支撑，却是系着飘带、以杂色叠作"鳞形"的一根柱子[2]〔16〕。此"杂色柱子"出现在新疆地区的克孜尔、玛扎伯哈、库木吐喇（拉）、

---

1 《敦煌石窟全集·2·尊像画卷》，页23；施萍婷等《敦煌石窟艺术·莫高窟第四二八窟（北周）》，页83、89、121，江苏美术出版社一九九八年。
2 樋口隆康『バミヤン——アフガニスタンにおける仏教石窟寺院の美術考古学調査』（1970～1978），图版144:1，同朋舍一九八三年。

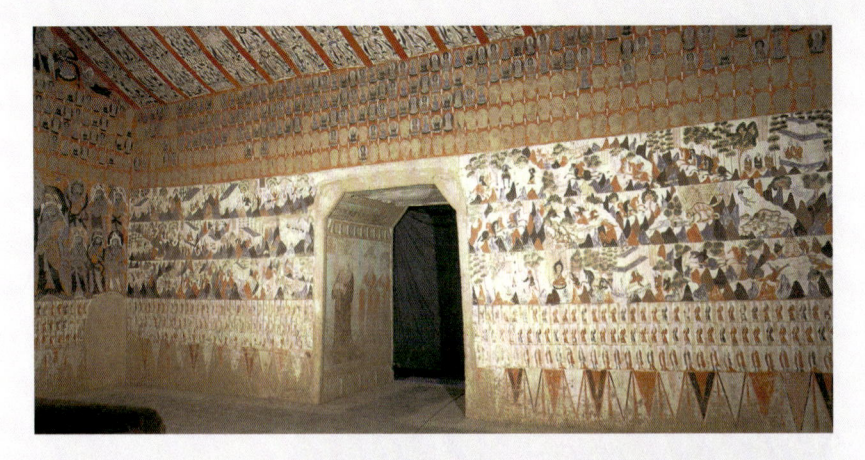

15·1 莫高窟第四二八窟东壁壁画

15·2 莫高窟第四二八窟南壁东段下方壁画

16 巴米扬石窟第四十三窟壁画

17　克孜尔石窟第一三五窟主室穹窿顶局部

吐峪沟等石窟壁画的时候，则或装饰于穹窿顶的外缘一周，或为涅槃图中的床饰[1]〔17~21〕，而在新疆地区长期使用，形成特色。不过在敦煌用于龛顶图案以象征华盖，且与西域样式亦即垂带形态如柱子（如库木吐喇第三十四窟）极为相近者，仅莫高窟第二七二窟一例[2]〔22〕。就整个发展演变史来看，它在这里可以说是"昙花一现"，隋唐之后便隐没不见。然而此例却是表明"柱子"名称与样式来源的一个重要实证，可知它是以形得名，而在敦煌地区伞幢的制作中长期沿用下来。

1　克孜尔石窟第一七一窟后室正壁壁画，今藏柏林亚洲艺术博物馆，约五世纪，周龙勤《中国新疆壁画艺术》第一卷，图二四九，新疆美术摄影出版社二〇〇九年；克孜尔第一三五窟窟顶壁画，时代约为八世纪，新疆龟兹石窟研究所《克孜尔石窟内容总录》，页7，新疆美术摄影出版社二〇〇〇年；玛扎伯哈第一窟壁画时代约当六至七世纪，周龙勤《中国新疆壁画艺术》第五卷，图一二〇；库木吐喇之例，见《新疆石窟·库车库木吐拉石窟》，图六三（说明称作"三角形和柱状垂帐纹"），新疆人民出版社版。
2　《敦煌石窟全集·13·图案卷·上》，图四七。

18·1 涅槃图 克孜尔第一七一窟后室正壁

18·2 涅槃图局部 克孜尔第一七一窟后室正壁

19 库木吐喇第三十四窟窟顶

曾有西风半点香

20　玛扎伯哈第一窟穹窿顶外缘局部

21　吐峪沟第四十四窟窟顶局部

22　莫高窟第二七二窟龛内顶

23　莫高窟第二三一窟北壁壁画

　　总之，组织为一件锦幢的几个基本部件是：罗表，绢里，锦裙，火珠，各色锦绣绢帛拼缀的者舌与带。莫高窟第二三一窟北壁弥勒经变之拆幢故事，绘拆幢者卸带，又绘一人负五色带子而去，地上且散落一片缯彩杂宝流苏及其组成宝交饰的坠饰，其时代为中唐[1]〔23〕。这也是很有意思的一个旁证。

---

1 《敦煌石窟艺术·莫高窟第一五四窟附第二三一窟（中唐）》，图一六九。

24　莫高窟第四十五窟北壁壁画

　　如此，我们可以说，这里引录的龙兴寺点检历第二项，乃是两件四重锦幢，其以杂色罗为表、色绢为里，又高丽锦幢裙子，裙上垂系高丽锦者舌和锦绣罗带，幢顶置木火珠。其他各项可依此类推。

　　幢的使用，须有撑竿中挑，或擎举而行，或置放在固定的处所。如果是后者，便需要有用作固定的插座。点检历所谓"大幢座贰"（伯・二六一三），即此。莫高窟第四十五窟北壁绘寺院大殿前方露台上面的一对锦幢，幢下便都有仰覆莲花的"大幢座"[1]〔24〕。

　　关于伞，龙兴寺点检历所列有两项。

　　一、析（新）高离锦表、色绢里伞壹，红绢裙并丝悬针线袋罗网，并金铜杏叶庄严，周围柒箭。在行像社。

　　二、故小白绫伞贰，色绢者舌，周围一箭半。

　　第二项，是比较简单的一种形制，它也有"单伞"之称。前引沙

---

[1]　孙儒僩等《敦煌石窟全集・21・建筑画卷》，图一〇四，商务印书馆（香港）有限公司二〇〇一年。

25　莫高窟第三二〇窟北壁壁画

州某寺点检历（伯·二六一三）登录有"紫绢单伞壹，每面各长壹箭半，紫绫者舌"，即此[1]。此外还有一种，是伞下加裙，便是同件点检历中的登录之物，——"夹頡（缬）团伞子贰，白绢里，罗锦者舌，青绢裙"。

第一项，依其描述，则为装点繁丽的华盖，在稍早以及大体同期的壁画中也有不少与之形象相符的图例，如莫高窟盛唐第三二〇窟北壁主尊阿弥陀佛上方高张的华盖[2]〔25〕，如莫高窟一一二窟北壁报恩经变中的华盖[3]〔26〕，又原出敦煌藏经洞的一幅《千手千眼观音图》[4]〔27〕，图中观音上方所张华盖也可为例。三例与点检历的描述都很接近，

1　莫高窟第一三〇窟发现一件唐代丝织品，是长约半米多、下缘剪作锯齿形的一根豆绿色暗花绫，下面系缀两组剪作波浪形的彩绢，一组四根，一组三根，蓝、白、绿、黄，色彩不一，它很可能就是伞的残件。敦煌文物研究所考古组《莫高窟发现的唐代丝织物及其它》，《文物》一九七二年第十二期。
2　施萍婷《敦煌石窟全集·5·阿弥陀佛画卷》，图一五一，商务印书馆（香港）有限公司二〇〇二年。
3　梅林《敦煌石窟艺术·敦煌第一一二窟（中唐）》，图一六三，江苏美术出版社一九九八年。
4　今藏新德里印度国家博物馆，林树中《海外藏中国历代名画·1》，图一四一，湖南美术出版社一九九八年。

佛入中土之"栖居"（二）　　77

曾有西风半点香

26　莫高窟第一一二窟北壁壁画

27　《千手千眼观音图》　新德里印度国家博物馆藏

28·1 画像砖 安徽六安
东三十铺隋墓出土

28·2 莫高窟第八十五窟
窟顶南披壁画

比如"红绢裙",比如"丝悬针线袋罗网"。

所谓"丝悬针线袋罗网",即释典中说到的"网幔"。慧琳《一切经音义》卷二十七"网幔"条云:"幔上网以宝,饰之如幰之庄严,名'宝网幔'也。"幰是车舆上面的装饰,宝网幔式的车幰早见于俗间,如安徽六安东三十铺隋墓出土的画像砖[1]〔28·1〕。敦煌壁画中也常常见到,如莫高窟第一五六窟窟顶、第八十五窟窟顶南披壁画中的牛车[2]〔28·2〕。缀以珠宝的网幔,佛经又或称作"宝绳绞络"[3],敦煌文书中则有"珠绳"之称,

---

1 安徽省文物工作队《安徽六安三十铺隋画象(像)砖墓》,图三:1,《考古》一九七七年第五期。
2 梅林《敦煌石窟艺术·敦煌第八五窟附第一九六窟(晚唐)》,图四一,江苏美术出版社一九九八年。
3 《妙法莲华经》卷二:"尔时长者各赐诸子等一大车,其车高广,众宝庄校,周匝栏楯,四面悬铃;又于其上张设幰盖,亦以珍奇杂宝而严饰之,宝绳绞络,垂诸华缨,重敷绾綖,安置丹枕,驾以白牛。"

佛入中土之"栖居"(二) 79

《唐咸通十四年正月四日沙州某寺交割常住物点检历》(伯·二六一三)"青绣幢裙陆，珠绳腰"，即此。唐李绅《题法华寺五言二十韵》"坐严师子迅，幢饰网珠悬"，亦指此物。而如此豪华的装饰方法也早就行于世间成为人们追逐的一种奢侈，《唐大诏令集》卷一〇八《禁约上·禁奢侈服用敕》，所禁之物便有"造作锦绣珠绳"。时为开元二年。

所谓"杏叶"，这里应是指覆于"丝悬针线袋罗网"之表的金铜饰件，类如斯·六二七六《什物点检历》中的"大红锦伞壹，番锦缘，绿绫裙并……紫丝网，上有金渡含口铜铃子"。此式华盖在点检历中也称作"坛伞"，如伯·二六一三所记"坛锦伞壹，每面长三尺，白锦缘，青绢裙，杂绢者舌，上有金镀花伍枚"，其式样之大略或即如前举莫高窟第一一二窟北壁报恩经变中的华盖，"金镀花"云云，便是伞顶之缘的饰件，壁画常常绘为莲花座上的摩尼宝。

如此，点检历中登录的"高离锦表、色绢里伞壹，红绢裙并丝悬针线袋罗网，并金铜杏叶庄严"，则即坛伞一件，乃色绢为里，高丽锦为表，周回红绢裙，裙覆宝网幔，其表装缀铜镀金的杏叶。

原注中提到的"行像社"，是敦煌社邑名称，系因服务于佛诞日的二月八寺院以宝车载佛像巡行街衢而得名。敦煌吐蕃时期的《行城文》(斯·二一四六)云："于是不扃月殿，夜击霜钟，爰集缁徒，竞持幡盖，列四门之胜会，旋一郡之都城。"可知此伞是被行像社假去，用作二月初八日的"行像"[1]。

大量使用伞、幢、幡的盛节，在敦煌还有七月十五日的盂兰盆会。文书中有《后唐天成三年七月十二日都僧统海晏于诸寺配借幡伞等贴》(斯·二五七五)，系七月十五日应官巡寺，庄严道场，向金光明等寺差配借用幢伞、官绣伞、大银幡等物的通知。可知这一类用物寺院自当备得齐整，短少的部件且须及时补缀，点检历因此必要把它一一登录分明。

---

[1] 关于敦煌二月八之行像，见谭蝉雪《敦煌民俗》，页61~64，甘肃教育出版社二〇〇六年。

三　幡

　　就广义而言，幡是旗的一种。《晋书》卷四十二《王浚传》曰浚有"大志"，欲使门前"容长戟幡旗"，幡旗并举，可见二物以类相从。不过幡的形制与旗并不相同，主要区别是其幅面竖垂。而若细别，幡的种类与式样又不止一种，且有长、短之制的不同。短者，幡盖为半圆形，下缀五彩脚，魏晋以来至唐五代，此多系于仪卫中的兵器和吹奏器之端，它在释典中又或称作"铄枳底幡"，慧琳《一切经音义》卷三十九曰：此是梵语也，"如枪刃下小帜幡也"[1]。佛画中常用于天王所持兵器，如莫高窟第一五四窟南壁西侧的毗沙门天王[2][29]。长者，其式样也非一种，不过基本结构大致相同。即幡的上端有用作悬挂于幡竿的提系，下连三角形幡首，其下为幡，幡下连接绢帛制作的长飘带亦即幡脚。

　　早期佛教艺术中的幡，多用于礼敬佛塔而为功德。前举巴米扬石窟第四十三窟壁画即是一例，——四条长幡分别系于佛塔的覆钵、平头和相轮、塔刹之间，翻飞如飘带。克孜尔石窟第七窟甬道外侧壁两列放置舍利的塔，幡的装饰也与之相似[3][30]。《洛阳伽蓝记》卷五记宋云与惠生为北魏特使衔命西行，"皇太后勅付五色百尺幡千口"，"王公卿幡二千口"，"惠生从于阗至乾陀罗，所有佛事处，悉皆流布，

1　按此条系释《不空羂索陀罗尼经》。经文曰，"于四方作四天王形，身着衣甲一切严具而为庄严，持刀弓箭。又于四面作诸器仗。当于东方作金刚杵，南方作螺，当于西方作圆头杵，北方作释枳底（二合）幡（竿上系幡）"。《大正藏》第二十卷，页412。
2　孙修身《敦煌石窟全集·12·佛教东传画卷》，图六一，商务印书馆（香港）有限公司一九九九年。
3　新疆维吾尔自治区文物管理委员会等《中国石窟·克孜尔石窟》第三卷，图一七七，文物出版社一九九七年。

铄枳底滙

29　毗沙门天王　莫高窟第一五四窟南壁西侧

30　克孜尔石窟第七窟甬道外侧壁壁画

31　莫高窟第二五七窟南壁壁画

32　莫高窟第四一九窟东坡壁画

至此（按即乾陀罗城雀离浮屠旁之石塔）顿尽。惟留太后百尺幡一口，拟奉尸毗王塔"。此云"所有佛事处"，似即以塔为多，而系幡方式大约便如壁画所绘。敦煌石窟壁画南北朝时期所绘以幡饰塔之幅，多与西域样式相近，如莫高窟第二五七窟（北魏）南壁舍利塔〔31〕、第四二八窟（北周）西壁五分法身塔上面的幡[1]。隋唐以后这种方式不再流行，而多是悬在幡竿，树立于"所有佛事处"。莫高窟第四一九窟（隋）东坡所绘一溜长幡垂悬于寺庙檐前〔32〕，又第一八六窟（中唐）东顶绘塔旁树立一对悬挂长幡的幡竿[2]〔33〕，都可见出与本土传统结合之后的演变。

---

1 孙儒僴等《敦煌石窟全集·21·建筑画卷》，图一七至一八，图二〇。
2 《敦煌石窟全集·21·建筑画卷》，图四〇，图二〇六。

佛入中土之"栖居"（二）

33　莫高窟第一八六窟东顶壁画

　　幡首与幡多装饰各种图案，或绘，或绣，或染缬，又或材料本身就是暗花绫乃至织锦。慧琳《一切经音义》卷六"旛铎"条释"旛"曰"今以五彩间错，或画花果鸟兽悬之"，即此。前引敦煌文书伯·二六一三即沙州某寺点检历所录有"菩萨绢幡壹拾捌口"，可以与它对应的实物有今藏大英博物馆的敦煌藏经洞所出菩萨绢幡〔34〕。又日本正仓院南仓所藏保存完好的一件锦幡也可以为例。锦幡通长三米余，幡首顶端有提系，红地团花织锦做成幡首，中间和两侧垂系绢帛所制的长短不一的带子。八枚紫地和绿地相间的三角形四鹿祥云团花锦连缀为幡，其下长垂紫绫和夹缬绁的幡脚，幡脚包镶末端做成舌样圆弧的织锦。此为道场幡，是日本天平胜宝末年物[1]〔35〕。幡的悬挂，敦煌壁画中有多例，如莫高窟一四八窟东壁[2]〔36〕，如莫高窟

1　幡有白绫题笺，朱书"平城宫御宇后太上天皇周忌御斋道场幡"，墨书"天平胜宝九岁岁次丁酉夏五月二日乙酉右番，东大寺"。奈良博物馆《正仓院展·第三十七回》，页56~57。
2　王惠民《敦煌石窟全集·6·弥勒经画卷》，图二一〇，商务印书馆（香港）有限公司二〇〇二年。

34 菩萨绢幡及局部 大英博物馆藏

35 道场幡 日本正仓院藏

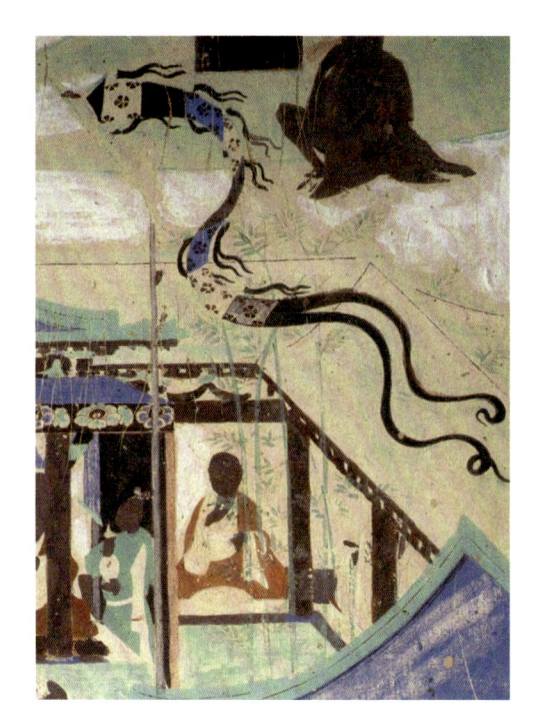

36　莫高窟第一四八窟东壁壁画

一九六窟窟顶北披[1]，等等，与实物的式样是一致的。

长幡中又有一种幡首加盖，盖式约略如伞，莫高窟第一五八窟窟室天井东方净土变之幅所绘，即其式样之一[2]〔37〕；第三六一窟北壁药师佛居坐说法的须弥座之两脚各树一幡，则其式样之二[3]〔38〕。壁画的时代均为中唐。

关于幡，龙兴寺点检历列出四项：

一、故生绢画幡贰拾肆口，长柒尺，并有连提。

二、故珠幡贰，又小珠幡贰，不堪受用。

三、又故金花幡三，不堪受用。

四、故画布幡拾壹口，各长陆尺。

第一项中的所谓"连提"，或即幡首顶端用于悬挂的提系。第二

1　《敦煌石窟艺术·莫高窟第八五窟附第一九六窟（晚唐）》，图一一九，江苏美术出版社一九九八年。
2　刘永增《敦煌石窟艺术·莫高窟第一五八窟（晚唐）》，图一一二，江苏美术出版社一九九八年。
3　《敦煌石窟全集·6·弥勒经画卷》，图一七〇。

37　莫高窟第一五八窟窟室天井壁画

38　莫高窟第三六一窟北壁壁画

39　莫高窟第二三一窟北壁壁画

项中的"珠幡",大约有两类,一是幡用珠串制作,一是幡脚和幡的两侧垂珠饰。后者之例,即如莫高窟第二三一窟(中唐)北壁壁画所绘[1][39]。"小珠幡",有时代稍晚的实例,如沈阳新民辽滨塔塔宫出土银龙首珍珠幡[2][40]。珠幡连幡竿通高二十九厘米,幡竿顶端为龙首,龙口向外吐出内卷的长舌成为衔幡的小钩,幡竿底端与一个委角方座铆合连接。錾刻六朵祥云的薄银片做成三角形幡首,顶端的小孔穿系银丝提系悬挂于龙口,下方的一溜小孔穿缀珍珠幡,幡脚垂系金镶料石坠儿。契丹原本崇信萨满教,立国后虽萨满习俗不废,而渐崇

1　《敦煌石窟全集·21·建筑画卷》,图二二六。
2　沈阳市文物考古研究所《沈阳新民辽滨塔塔宫清理简报》,页49~50,图七、封二:2,《文物》二〇〇六年第四期。由天宫石碑可知,此塔的建筑年代为辽乾统十年至天庆四年。

40　银龙首珍珠幡
　　沈阳新民辽滨塔塔宫出土

41　莫高窟第六窟东壁壁画

佛教[1]。从辽代佛教文物遗存来看，也颇存唐五代之风。那么由此辽代之物，也可略得唐代珠幡之式。

敦煌壁画中，帷帐的基本构件不仅通用于华盖与幢，并且中晚唐及至五代、宋、西夏，也常用于蒙覆香案的巾袱，其例极多[2]〔41~42〕。此物或名作"案帐"。路振《乘轺录》述大中祥符元年使辽，辽圣宗于武功殿宴享汉使情景，曰"虏主年三十余，衣汉服"，"方床累茵而坐"，

1　《辽史》卷一《太祖纪》，"唐天复二年九月，城龙化寺于潢河之南，始建开教寺"；"神册三年五月乙亥，诏建佛寺"；"四年秋八月丁酉，命皇后、皇太子分谒寺观"。《太宗纪》，"天显十年冬十一月丙午，幸弘福寺为皇后饭僧，见观音画像，乃大圣皇帝、应天皇后及人皇王所施"。又《辽史》卷三七《地理志》："永州木叶山兴王寺，有白衣观音像。太宗援石晋主中国，自潞州回，入幽州，幸大悲阁，指此像曰：'我梦神人令送石郎为中国帝，即此也。'因移木叶山，建庙，名'菩萨堂'。春秋告赛，尊为家神。兴军必告之，乃合符传箭于诸部。"

2　此仅举五代两例，即莫高窟第六窟东壁壁画，谭蝉雪《敦煌石窟全集·24·服饰画卷》，图一八六，商务印书馆（香港）有限公司二〇〇五年；又莫高窟第九十八窟东壁南侧维摩诘经变，敦煌文物研究所《中国石窟·敦煌莫高窟》第五卷，图九，文物出版社一九八七年。

曾有西风半点香

42　莫高窟第九十八窟
　　东壁壁画

43 安西东千佛洞第五窟壁画

"黄金饰梧案，四面悬金纺绛丝，结网而为案帐"[1]。所述情状与敦煌壁画的形象十分相近，"案帐"名称中的"帐"字，也正好揭明饰物来源。

作为华盖以及幢、帐之类的装饰构件，"柱子"在长久的使用中形成图式，以后又成为装饰纹样一直延续到十一世纪的西夏和十一至十二世纪的古格王朝。前者之例，如安西东千佛洞第五窟四面壁画上方及甬道两壁边饰[43]。后者之例，如西藏阿里东嘎石窟一号窟藻井边饰[2][44]。此窟开凿于阿里地区佛教后弘期早期，即十一至十二世纪之间。当然，"柱子"的名称，只是局限于某一时段、某一地区，

---

1 贾敬颜《五代宋金元人边疆行记十三种疏证稿》，页61~62，中华书局二〇〇四年。
2 彭措朗杰等《西藏阿里东嘎壁画窟》，页111，中国大百科全书出版社二〇〇八年。

佛入中土之"栖居"（二） 91

44 阿里东嘎石窟一号窟藻井边饰

并没有随着图式的流传而流传。

佛教艺术与日常生活的互相影响、互为渗透,使名物考订有方便的一面,也有困难的一面。以帐、伞、幢、幡的细部构件为例,如开篇所说,它存在着两套话语系统,即一为文人雅士,一为民间工匠,相对而言，前者使用的时间会长，流行的地域会广，后者反之。比如帷帐，作为细部构件的帐额、蒜条、银蒜，是南北朝、尤其是唐五代至两宋诗词咏及帷帐帘幕时屡见不鲜的称谓。而敦煌文书中的"者舌"、"柱子"，则不然。作为伞盖装饰的"柱子"，并不见于佛经，"者舌"亦不过在慧琳《一切经音义》中一见，且又是以"者"字为误，而校以"赭"字。因此，如文中已经说到的，关于"者舌"，这里是通过比勘的方法，找到了敦煌寺院点检历所列举之名称与佛经的对应。而"柱子"则是由其名称来源的追索而勾画出图式传递的大致线索。两个名称的流行范围都是很小的，自然也未曾成为这一类装饰的通行用名。

［初刊于《传统中国研究集刊》第三辑（二〇〇七年），题作《敦煌文献什物历器物丛考》（者舌考、牙盘考）］

"大秦之草"与连理枝
——对波纹源流考

一　对波纹与"忍冬"

"对波纹"是丝绸纹样中一种骨架构图的名称，盛行于南北朝至隋唐[1]。然而又不仅止于丝绸，它同时也是装饰艺术中的流行纹样，或者还可以说，丝绸纹样中对波骨架的设计构思是来自建筑装饰，而自先秦以来，建筑及室内布置与丝绸的关系始终是非常密切的[2]。

对波纹大致有两种形式：其一，相互交缠；其一，不相交缠。前者两茎蔓草交缠之后开张为相对的两个弧形，复相抱合交缠以至于不断，交缠处对生两相抱合的侧枝与叶。后者则两茎蔓草对开对合如波浪一般不断延伸，相合处对生细蔓，或叶或花对称排列。

如此单独的一列对波纹，宜作边饰，多用于石头建筑或仿石建筑中的立柱装饰。它的横向增益，则成四向铺展的蔓草纹而一对蔓草为一个图案单元，若织锦，抱合的一对蔓草便是骨架。单独一列者为式样之一，四向展开者为式样之二。南北朝时期，交缠或不相交缠的一对蔓草，多为"忍冬"。

二　"忍冬纹"与"大秦之草"

所谓"忍冬纹"，系近世方始采用的名称，目前已是约定俗成，然

1　赵丰《唐代丝绸与丝绸之路》，页156，三秦出版社一九九二年。
2　如班固《西都赋》："屋不呈材，墙不露形；裛以藻绣，络以纶连。"可见作为室内装饰的织绣与建筑构件的互为表里相得益彰。

而它却并非中土固有的命名[1]。林徽因《敦煌边饰初步研究》一文曾述其源流，她说：忍冬纹原初是巴比伦－亚述系统的一种"一束草叶"的图案，即七个叶瓣束紧了，上端散开，底下托着的梗子有两个卷头底下分左右两股横着牵去，联上左右两旁同样的图案，做成一种横的边饰，此便是后来古希腊爱奥尼亚式柱头的发源。在希腊系中这两个卷头底下又产生出一种很写实的草叶，带着锯齿边的一类，寻常译为忍冬草的，这种草叶，愈来愈大包在卷头的梗上，梗逐渐细小变成圈状的缠绕的藤梗。这种锯齿忍冬叶和圈状梗成了雕刻上主要的图案，普遍盛行于希腊。它在爱奥尼亚卷下逐渐发展得很大也很繁复，于是成为希腊艺术中著名的叶子，叶名"亚甘瑟斯"，历来中国称忍冬叶想是由于日本译文。亚甘瑟斯叶子产于南欧，在科林斯的柱头上所用的就最为典型。然而在敦煌北魏洞窟所见是西域传入的"忍冬草叶"图案，不属于希腊罗马系统，而是属于西亚伊朗一系，"它不是写实的亚甘瑟斯而是一种图案中产生的幻想叶子。它上面并没有写实的凸起的筋络，也不分那繁复的锯齿，自然规则大小相间而分瓣等等。这种叶子多半附于波状长梗上左右生出，左旋右转地做成卷草纹边饰图案"[2]。当然这里应该补充的是，不同来源的"忍冬纹"又曾流行于印度及中亚，并在那里融汇、发展和演变，然后东传。要之，所谓"忍冬纹"，它在中土的装饰艺术中，最初只是外来的"一种图案中产生的幻想叶子"，而并非某种特定植物的写实，与中国原产的忍冬亦即金银花更是毫无关系。因此我们如果对它作客观陈述，毋宁舍"忍冬"这一似是而非的名称而仍概称为蔓草或卷草。

---

1 关于忍冬纹，已有很多的讨论，如薄小莹《敦煌莫高窟六世纪末至九世纪中叶的装饰图案》，《敦煌吐鲁番文献研究论集·5》(北京大学中国中古史研究中心编)，北京大学出版社一九九〇年；林良一『東洋美術の装飾文様——植物文篇・パルメット』，同朋舍一九九二年；罗森《中国古代的艺术与文化·荷与龙》(孙心菲等译)，北京大学出版社二〇〇二年。

2 林徽因《敦煌边饰初步研究》，页10，载《中国敦煌历代装饰图案》(常沙娜编著)，清华大学出版社二〇〇四年。

1·1 蔓草纹锦残片
新疆尉犁营盘墓地出土

1·2 蔓草纹锦残片
新疆尉犁营盘墓地出土

"忍冬"既非中土固有的命名，对于这样一种来自殊方的纹样，中土之人视之为草，应该是合乎情理的。新疆尉犁县营盘墓地十一号墓出土时代约当魏晋的三枚蔓草纹锦残片，残片所存汉字可认出"草"、"右"、"降"[1]〔1〕。"右"即"佑"，为吉语中常用，如楼兰出土东汉云气动物纹锦中的"韩仁绣文衣右子孙无极"[2]，新疆博物馆藏汉晋云气动物纹锦之"大长乐明光承福受右"[3]，如香港私人藏一件莲花狮子纹锦中的"右白"[4]。那么"草"字在这里也很有可能是织锦图案中牵缠之蔓草的指称，即如莲花狮子纹锦织出的"连华狮子"。《艺文类聚》卷八十五《布帛部》"锦"条录《梁皇太子谢敕赉魏国所献锦等启》曰："山羊之毳、东燕之席尚传；登高之文、北邺之锦犹见。胡绫织大秦之

---

1 残片原系一件绮袍的锦缘。新疆文物考古研究所《新疆尉犁县营盘墓地1995年发掘简报》，页37，图六二：1~3，《文物》二〇〇二年第六期。按"降"字简报原未释读，此承孙机先生示教。
2 常沙娜《中国织绣服饰全集·织染卷》，图七〇，天津人民美术出版社二〇〇四年。
3 王明芳《新疆博物馆新收藏的纺织品》，页86，图六，《文物》二〇〇九年第二期。
4 香港贺祈思先生藏，《锦上胡风——丝绸之路魏唐纺织品上的西方影响》，北京大学赛克勒考古与艺术博物馆等二〇〇九年。按龟兹王室为白姓，这里的"右白"，或含此意。

草,戎布纺玄菟之花。""大秦"原是两汉时代对罗马的称谓,而在拜占庭帝国取代罗马帝国之后,中土文献便改称"大秦"为"拂菻"[1]。那么这里"大秦之草"的所谓"大秦",便只是以此"极西"的古称来概指西方,正如以古郡名之"玄菟"来概指"极东"[2]。如此,把"大秦之草"理解为当日对来自西方的各式草叶纹样的统称,应无大误,而"忍冬纹"自是此际的"大秦之草"中最为流行的一种。据此不妨认为,南北朝时"忍冬纹"在人们的观念里是统括为"大秦之草"来认识的。至于把它吸收过来作为图案,初始则稍稍依样,曾几何时,便在创造发挥之下而成为完全中土化的各种样式的缠枝卷草。

三 卷草·对波：式样之一

现在可以说,以"对波"形式排列的"忍冬纹",实即合抱式缠枝卷草。而"对波"形式的图案,在印度早期佛塔石雕上已经出现,比如约建于公元前二世纪巽伽时代的桑奇二号塔栏楯雕刻,立柱上面排列为"对波"图案的是莲花、莲叶及对鸟、对兽,底端为手持花蔓的女神〔2〕。以后"对波"形式的图案在贵霜时代的犍陀罗艺术和马图拉艺术中也常作为边饰,前者如拉合尔博物馆藏西尔卡普出土石雕作品[3]〔3〕,大英博物馆藏犍陀罗出土石雕〔4〕,又『ガンダーラ美術』中著录的两件[4]〔5〕,

---

1 "大秦"最早见于《后汉书·西域传》和《魏略·西戎传》,"拂菻"则初见于《前凉录》(《太平御览》卷七五八)。又,在汉译佛经中,"大秦"也或用来指称希腊人统治地区,如东晋失名译《那先比丘经》(余太山《〈那先比丘经〉所见"大秦"及其它》,页111,《欧亚学刊》第九辑)。
2 玄菟为古郡名,汉武帝置,辖境相当于中国辽宁东部及朝鲜咸镜道一带。北魏以后废。
3 穆罕默德·瓦利乌拉·汗《犍陀罗：来自巴基斯坦的佛教文明》(陆水林译),页164,五洲传播出版社二〇〇九年。
4 栗田功『ガンダーラ美術·Ⅱ·佛陀の世界』,图618,二玄社一九九〇年。

曾有西风半点香

2·1 桑奇二号塔栏楯浮雕

2·2 桑奇二号塔栏楯浮雕

3 犍陀罗石雕 西尔卡普出土 拉合尔博物馆藏

4　犍陀罗石雕　大英博物馆藏

5　犍陀罗石雕　日本私人藏　　　　　6　犍陀罗石雕

以及林良一《葡萄唐草》文中举出的图例[1]〔6〕。后者如新德里印度国家博物馆所藏马图拉石雕〔7〕。以上所举"对波"图案的构成，均是以一对蔓草相互交缠。

1　林良一『東洋美術の装飾文様——植物文篇・葡萄唐草』，图389（林著引自『アフガニスタン古代美術』），同朋舍一九九二年。

7 马图拉石雕 新德里印度国家博物馆藏

8 鹰蛇飞人罽 钱伯泉藏

《丝绸之路：新疆古代文化》中著录一件时代约为魏晋时期的"鹰蛇飞人罽"，图版说明称其为"中亚西亚一带的传入品"[1][8]。显然它可以放在对波纹系列中属于不相交缠的一种。骨架之内，一对成合抱之势的藤蔓两侧对生花叶和须蔓，两组相向的花叶一对、须蔓一对，并拢处便仿若两个小台，其上设花、设瓶。骨架之外，为翼人和对鹰。

---

1 祁小山等《丝绸之路：新疆古代文化》，新疆人民出版社二〇〇八年。按此图列在"尉犁营盘古墓惊现"一节之下，那么此物当即出自营盘古墓。

9　玉枕顶面纹饰（摹本）　徐州苏山头汉墓二号墓出土

东传之后，这一类纹样的骨架及骨架内外图案的排列方式均被接受，而把骨架内外填充的诸般西方因素一步一步中土化。早期的例子如徐州苏山头汉墓二号墓出土玉枕，枕顶纹饰为两只交龙长尾划作"对波纹"，合拢处的空间里一只飞鸟[1]〔9〕。山西大同北魏司马金龙墓出土的漆屏风，其时代为太和八年之前[2]。屏风画的一道边饰即为对波纹，蔓草弧曲宛转如细线一般交缠复又开合，开合处组成一个一个图案单元，交缠处挽结。叶片贴着细蔓内外对生，或反向，或相对而成合抱之势。单元内反向而生的一对叶片便成为花台，花台上面安排神人或瑞兽。单元外相对而生者则一面为内里纹饰的呼应，一面填补图案单元之外的空间〔10〕。此即前面略作区分的对波纹式样之一。可以清楚看出蔓草交缠处的挽结与前举拉合尔博物馆藏石雕的相似，不过此为纵向排列，此结便好似同心结一般。这一类样式每用作边饰，正同于它在发源地古印度的情景，如云冈北魏石窟中的龛门立柱[3]〔11〕，

1　徐州博物馆《江苏徐州苏山头汉墓发掘简报》，页44，图三七，《文物》二〇一三年第五期。
2　山西省大同市博物馆等《山西大同石家寨北魏司马金龙墓》，页20，《文物》一九七二年第三期。
3　如第十窟后室南壁拱门立柱与佛龛立柱，云冈石窟文物保管所《云冈石窟·二》，图版六六、六八，文物出版社等一九九四年。按云冈石窟第九、第十两窟为双窟，兴建于孝文帝初期亦即太和八年（公元四八四年），毕工于太和十三年，"汉式建筑传统的龛式和中亚、西亚一带流行的繁缛的植物花纹，在云冈都以九、十窟出现得最早"（宿白《中国石窟寺研究·云冈石窟分期试论》，页79，文物出版社一九九六年）。

"大秦之草"与连理枝　　103

曾有西风半点香

10 漆屏风局部
　山西大同北魏司马金龙墓出土

11·1　云冈第十窟后室
　　　南壁拱门立柱

11·2　云冈第十窟后室
　　　南壁佛龛立柱

敦煌莫高窟北魏第二六〇窟南壁壁画边饰[1]〔12〕，又太原北齐东安王娄睿墓[2]〔13·1〕、北齐徐显秀墓石门立框浮雕〔13·2〕，后者且见于墓室壁画夫妇对坐图中女主人的衣领[3]〔13·3〕。而出现在湖北谷城六朝画像砖墓中的一种[4]，或也可视作由此类纹样变化而来的样式〔14〕。

1　张元林《敦煌石窟艺术·莫高窟第二五四窟附第二六〇窟》，图一三九，江苏美术出版社一九九五年。
2　山西省考古研究所等《北齐东安王娄睿墓》，彩版五六，文物出版社二〇〇六年。
3　太原市文物考古研究所《北齐徐显秀墓》，图十七，文物出版社二〇〇五年。
4　谷城县博物馆《湖北谷城六朝画像砖墓发掘简报》，页36，《文物》二〇一三年第七期。

"大秦之草"与连理枝　　105

12　莫高窟第二六〇窟南壁壁画

13·3　徐显秀墓墓室壁画夫妇对坐图局部

13·1
北齐东安王娄睿墓墓门
立柱石雕局部

13·2
北齐徐显秀墓石门
立框浮雕局部

14　湖北谷城六朝画像砖墓出土
　　画像砖纹饰

四　卷草·对波：式样之二

式样之二，可以举出与司马金龙墓漆屏风差不多同时的一例，即宁夏固原北魏墓出土描金彩绘漆棺[1]〔15〕。漆棺盖板彩画银河两边的对波纹与司马金龙墓漆屏风意匠相同，却是单独一列对波纹的横向增益。每一组蔓草的交合处均向内卷起反向而生的一对花叶成为花台，其上或为"灵鸟"，或为"神兽"[2]。这一种类型的纹样用于织锦，便多于骨架中省略花叶，惟在交结处装饰一朵小花。如中国丝绸博物馆藏北朝时期的胡人牵驼对狮对象锦残片[3]〔16·1〕，如"锦上胡风展"中的一件北朝对鹿纹锦残片[4]〔16·2〕，又青海都兰热水出土绿地对波鸳鸯锦、绿地对波联珠狮凤锦[5]〔17·1、2〕，又莫高窟第四二〇窟南壁佛塑像所著僧祇支[6]〔18〕。其中的对鹿纹锦是对波纹与龟甲纹的套叠，狮凤锦则与同样是流行纹样的联珠纹结合在一起。虽然在这样的形式里对波纹原本的卷草意象已经隐没不见，但基本构图依然显示着一脉贯通的轨迹。而作为织锦图案的对波纹，其设计构思来自合抱式卷草，由隋代画工笔下的服饰纹样尚可求得一证，如《中国敦煌历代服饰图案》中据塑像服饰摹绘的图案[7]〔19〕。

1　时代为太和年间（四七七～四九九）。韩孔乐等《固原北魏墓漆棺的发现》、王㳿《固原漆棺彩画》，《美术研究》一九八四年第二期；宁夏固原博物馆《固原历史文物》，页161，科学出版社二〇〇四年。
2　"灵鸟"、"神兽"之纹样描述，见北朝造像记，如北齐天保三年《牛景悦造石浮图记》"零（灵）鸟羽仪，神兽炳曜；若凤之鸣，如虬之转"。北京图书馆金石组《北京图书馆藏中国历代石刻拓本汇编》第七册，页21，中州古籍出版社一九八九年。
3　中国丝绸博物馆《丝国之路——五千年中国丝绸精品展》，页78，圣彼得堡，二〇〇七年。
4　"锦上胡风——丝绸之路魏唐纺织品上的西方影响"预展时所见。
5　时代为北朝至隋。赵丰等《中国丝绸通史》，页182，图3—4—41、图3—4—42，苏州大学出版社二〇〇五年。
6　此为隋窟。刘永增《敦煌石窟全集·塑像卷》，图六六、六七，商务印书馆（香港）有限公司二〇〇三年。
7　常沙娜《中国敦煌历代服饰图案》，图四八，中国轻工业出版社二〇〇一年。

曾有西风半点香

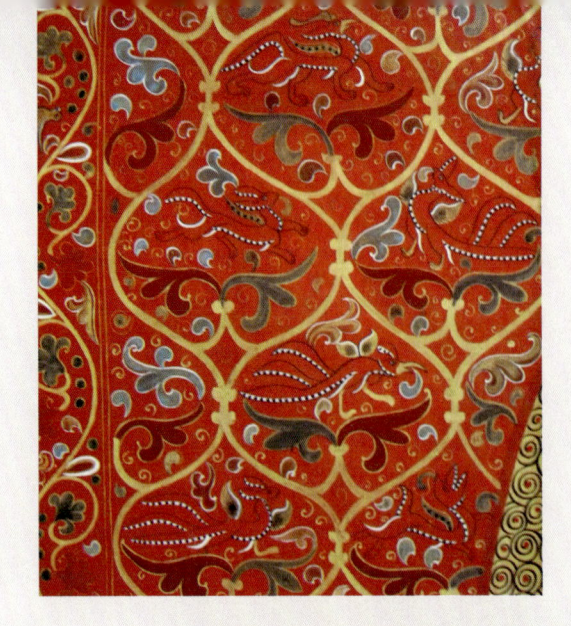

15 描金彩绘漆棺图案（摹本）
宁夏固原北魏墓出土

16·1 胡人牵驼对狮对象锦残片
中国丝绸博物馆藏

16·2 对鹿纹锦残片

17·1 绿地对波联珠狮凤锦残片
青海都兰热水出土

17·2 绿地对波鸳鸯锦残片
青海都兰热水出土

18 莫高窟第四二〇窟南壁塑像

19 塑像服饰图案

五　对波纹在唐代的演变

入唐，两种式样的对波纹依然盛行不衰，而更添注画意，挥洒出线条之美。

式样之一与此前相同，即广泛用于石刻与壁画的装饰，此外还有竖长造型的幡。如灵化寺大德智该法师碑（贞观十三年）[1]〔20·1〕，陕西乾县懿德太子墓石椁立柱图案（神龙二年）[2]〔20·2〕，唐薛儆墓石椁立柱图案（开元八年）[3]〔21〕，兴福寺残碑（开元九年）[4]〔22〕；西安大明宫三清殿遗址出土葡萄奔鹿纹方砖（盛唐）〔23〕；又莫高窟第三六一窟顶壁画（中唐），莫高窟第八十五窟北壁壁画（晚唐）[5]〔24·1、2〕，等等。幡的例子，则可举出法国吉美博物馆藏一件彩绘绢幡[6]〔25〕。

式样之二多见于织锦，构图则趋向简洁。如新疆吐鲁番阿斯塔那二〇六号墓出土对鸟对兽纹锦[7]〔26〕，中国丝绸博物馆藏一件莲花童子纹锦残片〔27〕，又日本正仓院北仓所藏缥地花鸟纹夹缬缯[8]〔28〕。

1　张鸿修《隋唐石刻艺术》，页72，三秦出版社一九九八年。按青海都兰热水出土的银鎏金包木饰片图案与此相同（银饰背面尚存丝绢），青海省文物处等《青海文物》，图一四八，文物出版社一九九四年。
2　陕西省博物馆《隋唐文化》（王仁波主编），页91，图一三，学林出版社一九九〇年。
3　按唐墓出土石刻中装饰此类样者尚有多例，如唐新城长公主墓（陕西省考古研究所等《唐新城长公主墓发掘报告》，页118，科学出版社二〇〇四年），如唐李宪夫妇合葬墓（陕西省考古研究所等《唐李宪墓发掘报告》，页173~186，科学出版社二〇〇五年），等等。
4　张鸿修《隋唐石刻艺术》，页90。
5　关友惠《敦煌石窟全集·图案卷》（下），页156、155，商务印书馆（香港）有限公司二〇〇三年。
6　赵丰等《敦煌丝绸艺术全集·法藏卷》，图一三九，东华大学出版社二〇一〇年。按图版说明定其时代为盛唐至五代。
7　此原系木俑所著锦衣。常沙娜《中国织绣服饰全集·织染卷》，图一七二，天津人民美术出版社二〇〇四年。
8　《正仓院展·第三十八回》，页43，奈良博物馆一九八六年。

20·1 灵化寺智该法师碑碑侧拓片局部

20·2 乾县懿德太子墓石椁立柱拓片局部

21 薛儆墓石椁拓片局部

23 葡萄奔鹿纹方砖
　　西安大明宫三清殿遗址出土

22 兴福寺残碑侧图案

曾有西风半点香

24·1 莫高窟第三六一窟
窟顶壁画

24·2 莫高窟第八十五窟
北壁壁画

25 彩绘绢幡
法国吉美博物馆藏

26 对鸟对兽纹锦
吐鲁番阿斯塔那二〇六号墓出土

27 莲花童子纹锦
  中国丝绸博物馆藏

28 缥地花鸟纹夹缬絁 日本正仓院藏

29　鸳鸯莲瓣纹金碗　西安南郊何家村出土

演变过程中尚可以翻出更多的新样。西安市南郊何家村唐代金银器窖藏中有一件"鸳鸯莲瓣纹金碗"[1]〔29〕，碗壁装饰纹样仿若层叠的莲花瓣，每一枚花瓣均由对生的花叶两相抱合而构成，花瓣中再分别安排花台上的鹦鹉、林木间的奔兽，其设计意匠正与合抱式缠枝卷草亦即对波纹相同。只是这时候人们恐怕已经很难记起它最初的来历。所谓"东风染得千红紫，曾有西风半点香"[2]，借用宋人的诗句，可约略概括魏晋南北朝至隋唐不少纹样大致相同的演变经历。

综观对波纹的演化史，它自始至终不以写实为艺术追求，整个过程中最重要的变革在于表现风格，即由初始的或以质感或以色彩表现明暗起伏，而转为用线条的回旋起落宛转婆娑来表现花叶的阴阳向背、俯仰开合，构图依然是丰沛饱满，风格却由壮硕严整一改为劲美飘逸，于是成就为一种全新的节奏和韵律。由前举唐代石刻砖雕，便最可见出这样的特色。至于织锦纹样，自然还要受到技术因素的限制，但于构图中仍然可以见出由线条生发出来的活泼灵动的表现力。

以蔓草为中坚的纹样，在装饰艺术中始终是充当辅纹，源出于卷草的"对波纹"也不过是织锦图案中的骨架，但这简单之极的一对线条却

1　窖藏时代约当八世纪末。
2　杨万里《木犀二绝句》，北京大学古文献研究所《全宋诗》，册四二，页26064，北京大学出版社一九九八年。

含藏着丰富的文化信息。一个不能不思索的问题是，这样一种传播迅速、流行广泛，且流行时间十分长久的纹样，接受者对它会有怎样的命名，或曰它是以哪一种观念被接受，并进而把固有的传统融入其中？如果试作推测的话，似乎可以说，就一个图案单元来看，把对波纹的基本组成即一对向上伸展的枝条相歧复又合抱，视作所谓"连理枝"，大约更贴近于古人的观念和匠师的创意[1]。而这原是南北朝以来至于后世频繁见于歌咏的意象，如南朝梁武帝《子夜四时歌·秋歌》"绣带合欢结，锦衣连理文"；隋江总《杂曲》三首之三"合欢锦带鸳鸯鸟，同心绮袖连理枝"[2]；又五代徐夤《剪刀》句云"金匣掠平花翡翠，绿窗裁破锦鸳鸯。初裁连理枝犹短，误绾同心带不长"[3]。诗歌所咏作为丝绸纹样的"连理"，并不是某一种植物的确指，而只是形容它的生长样态。那么以合抱式卷草为设计意匠的"对波纹"对应于连理枝，当可成立。由汉代画像石中连理木的表现形式，如山东嘉祥县满硐乡宋山村北出土汉画像石，又山东微山县两城镇出土汉画像石[4]〔30〕，也可以看到演变线索中的前后关联，虽然其中的寓意有所变化[5]。更值得寻味的是北朝佛造像中龙华树和菩提树的表现形式。河南淇县高村乡石佛寺村出土北魏神龟元年田迈造像[6]〔31〕，造像中弥勒菩萨的上方为龙华树，却是表现为与汉画像石造型相似的连理木，而东魏北齐时期的背屏式佛造像常常把菩提树设计为分立两边对称的双树，上方则枝叶交缠如同连理木〔32〕。

---

1 连理木原被视作祥瑞。曹植《连理木》："皇树嘉德，风靡云披。有木连理，别干同枝。将承大同，应天之规。"何法盛《晋中兴徵祥说》："连理者，或数枝还合，或两树合共。"（玉函山房辑佚书补编）
2 《乐府诗集》卷四四《清商曲辞》；卷七七《杂曲歌辞》。
3 李调元《全五代诗》，页1659，巴蜀书社一九九二年。
4 蒋英炬等《中国画像石全集·1·山东汉画像石》，图六六、图八四、图九二，山东美术出版社等二〇〇〇年；赖非等《中国画像石全集·2·山东汉画像石》，图四二，同上。
5 出现在汉画像石中的连理木，祥瑞意义最为明确，此在榜题中已经揭示明白。如天津博物馆藏武梁祠堂画像题字（东汉建和元年），其中的祥瑞图第二石为"木连理，王者德纯洽，八方为一家，则连理生"，见王靖宪等《中国美术分类全集·中国碑刻全集》第一卷《战国秦汉》，页234，人民美术出版社二〇一〇年
6 周到等《中国画像石全集·8·石刻线画》，图一八，河南美术出版社二〇〇〇年。

曾有西风半点香

30 连理木 微山县两城镇出土汉画像石

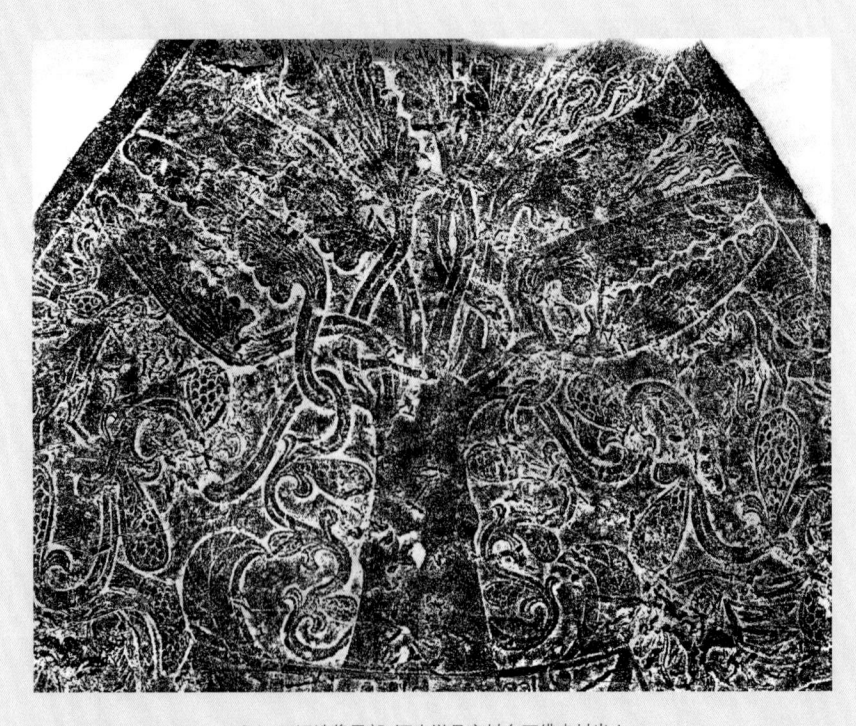

31 田迈造像局部 河南淇县高村乡石佛寺村出土

32·2 坐佛五尊像背面局部（北齐）
邺城北吴庄出土

32·1 弄女造弥勒像（东魏武定五年）
邺城北吴庄出土

32·4 释迦牟尼说法像背面局部（北齐）
邺城遗址出土

32·3 法悰造像（北齐天保元年）
邺城北吴庄出土

二者的意匠来源均来自本土传统,应该是很明确了。

枝头的物象选择,自然也总是包含着时代的审美趣向和人们的欣赏与爱悦。晚唐皮日休《鸳鸯二首》之一"双丝绢上为新样,连理枝头是故园",从我们所疏理的演变过程来看,以"连理枝头是故园"一语去领会织锦纹样中的意象,——比如由前面举出的青海都兰出土"绿地对波鸳鸯锦"、正仓院藏缥地花鸟纹夹缬缯,一直延续到"双丝绢上为新样",是否多少有一点贴近古人呢,当然这不过是各种可能性中的一个。

六 余论

对波纹在西域的演变,一个很长的时期内似乎是自成系统的。如巴楚县托库孜萨来佛寺遗址出土须阇提太子本生故事雕塑中的边饰[1][33],时代为五至六世纪;如克孜尔第十七窟主室右壁叠涩纹饰[2][34·1],森木塞姆石窟第四十二窟穹窿顶外沿纹饰[3][34·2],两例时代均为六至七世纪,后者似为前者的变体。不过新疆焉耆七个星(亦称七格星、锡克沁)石窟第二窟主室券顶中的莲花坐佛[4],却与前面举出的莫高窟中晚唐的两例如出一辙[35]。七个星佛教建筑遗

---

1 孟凡人《新疆古代雕塑辑佚》,图一三六,新疆人民出版社一九九五年。此雕塑的故事内容考证,见筱原典生《从考古发现看疏勒与龟兹佛教艺术之交流》,页79,《中原文物》二〇〇九年第一期。
2 段文杰《中国新疆壁画全集·2·克孜尔》,图二五,天津人民美术出版社一九九五年。
3 林瑛珊《中国新疆壁画全集·5·森木塞姆 克孜尔尕哈》,图五四,辽宁美术出版社、新疆美术摄影出版社一九九五年;新疆龟兹石窟研究所《森木塞姆石窟内容总录》,图版一九,文物出版社二〇〇八年。
4 周龙勤等《中国新疆壁画艺术》第五卷,图二一九,新疆美术摄影出版社二〇〇九年。图版说明曰"具有五代宋图案的特点"。

33　本生故事雕塑边饰
　　巴楚县托库孜萨来遗址出土

34·1　克孜尔第十七窟主室
　　　右壁叠涩纹饰

34·2　森木塞姆第四十二窟
　　　主室叠涩纹饰（摹本）

35　焉耆七个星石窟第二窟主室券顶壁画局部

址及石窟壁画为七世纪直到回鹘时期的遗存[1]，此幅壁画的时代应在回鹘时期之前，是汉风播扬之后引起的变化[2]，其情形类似于库木吐喇石窟的汉风窟。

　　[初刊于《敦煌研究》二〇一〇年第四期，题作《曾有西风半点香：对波纹源流考》]

1　贾应逸等《印度到中国新疆的佛教艺术》，页399，甘肃教育出版社二〇〇二年。
2　七个星石窟寺出土一件泥塑佛像，像座装饰的团花鹿纹亦为汉风。孟凡人《新疆古代雕塑辑佚》，彩图一九。

丹枕与绋綎

西藏拉萨的大昭寺创建于吐蕃时期，它的属于早期阶段的建筑遗迹，布局、形制以及装饰风格，俱与印度六世纪开凿的阿旃陀石窟十分相似。宿白《西藏拉萨地区佛寺调查记》对此曾有缜密细致的分析研究[1]。

这里要讨论的是大昭寺中心佛殿第二层四周廊道壁面上发现的两幅早期壁画，其中一幅，《西藏拉萨地区佛寺调查记》认为它"既有一定的印度风格，又和传世的十二、十三世纪所绘唐卡有相似处"[2]，因将之归入大昭寺第二阶段，即九世纪四十年代至十四世纪中期的遗存。张亚莎《西藏美术史》也持大致相同的意见[3]〔1〕。另一幅著录于《宝藏——中国西藏历史文物》，命为《供奉图》，归之于吐蕃时期[4]〔2〕。谢继胜《西夏藏传绘画——黑水城出土西夏唐卡研究》一书也举出此幅，并认为，"大昭寺虽然经过后代多次重修，但这些早期壁画并没有重新绘制的痕迹，我们没有理由否定它们的存在"；"但是从根本上来看，这些卫藏地区的大昭寺壁画与一○四○年左右的塔波（Tabo）壁画的用线风格所

---

1 宿白《西藏拉萨地区佛寺调查记》云"大招寺与印度寺院关系密切，既可与藏文文献所记松赞干布妃泥婆罗尺尊公主创建大招寺的传说相比较，又可和赤松德赞、赤德松赞父子复兴佛教，遣使去印度迎请高僧和经典，建立僧伽，扩大大昭寺等一系列事迹相印证"；"从八世纪后期赤松德赞亲政起，吐蕃迎来的印度高僧如寂护、莲花生以及曾与汉地大乘和尚诤辩并取得胜利的莲花戒等皆出身于自六、七世纪以来已成为北印度佛教中心之一的那烂陀寺"。宿白《藏传佛教寺院考古》，页7~10，文物出版社一九九六年。

2 《藏传佛教寺院考古》，页12。

3 张亚莎《西藏美术史》：此幅大日如来与众菩萨"被认为是吐蕃时期少量遗存之一，画面已漫漶不清，正中主尊像的造像显示出早期印度波罗艺术之风，早期波罗艺术造型严谨，体态苗条，装饰性不强，显得比较朴素"（页89，中央民族大学出版社二○○六年）。不过在《十一世纪西藏的佛教艺术：从扎塘寺壁画研究出发》一书中，作者把它的时代明确定为"大昭寺二期壁画"，即公元一○八○至一○八七之间。见该书页212）。

4 甲央等《宝藏：中国西藏历史文物》，图一○四，朝华出版社二○○○年。

1　大昭寺早期壁画之一（局部）　　　　2　大昭寺早期壁画之二（局部）

展示的优雅、舒缓曲线有关系，只是没有塔波风格的厚重线条"[1]。则仍是从绘画风格的角度来认识它的时代。

大昭寺的这两幅早期壁画遗存究竟是否可以归属于吐蕃时期，或者还可以有另外的分析角度。这里想从一两个细节入手。

且看几个可作比较的例子，即《中国藏传佛教雕塑全集》著录故宫藏吐蕃时期出自东北印度工匠的金铜佛像，如释迦牟尼坐像一尊、观音菩萨坐像一尊[2]〔3~4〕。又《图像与风格——故宫藏传佛教造像》著录同期来自尼泊尔的一尊铜镀金嵌宝石观音菩萨坐像[3]〔5〕。关于前两例佛坐像的坐具，前引《全集》图版说明曰："莲花座后是方形宝座式靠背，雕出软靠垫，靠背左右两边雕刻立起的狮子，狮子踏象，象卧莲花上。圆形火焰头光，顶部饰圆伞盖、双飘带，莲花座上为长方底座，两角刻卧狮，

1　谢继胜《西夏藏传绘画：黑水城出土西夏唐卡研究》，页205～206，河北教育出版社二〇〇二年。
2　二者均为黄铜。杨新等《中国藏传佛教雕塑全集·2·金铜佛（上）》，图一一、图一五，北京美术摄影出版社二〇〇二年。
3　故宫博物院《图像与风格：故宫藏传佛教造像》，图一〇〇，紫禁城出版社二〇〇二年。

丹枕与绹繣　123

曾有西风半点香

3 释迦牟尼佛坐像 故宫博物院藏

4 观音菩萨铜坐像 故宫博物院藏

5 铜镀金嵌宝石观音菩萨坐像
故宫博物院藏

6 难陀出家局部 巴黎吉美博物馆藏

这种豪华的宝座形背光,在印度后笈多时期的佛像中已出现。"观音坐像之说明曰:"背靠装饰豪华的宝座,雕出软靠垫,靠背两侧雕立狮、大象、莲花。……圆莲座下承长方台座,座中饰翻卷的台布,左右角两狮支撑"[1]。

值得关注的细节之一,是坐具后面的所谓"软靠垫",它正为大昭寺早期壁画和故宫收藏的金铜佛像所共有。而"软靠垫"使用和造型的渊源均在印度,早期如出土于纳加尔朱纳康达(龙树山)的佛传故事石雕《惊悉出家》[2],又今藏巴黎吉美博物馆的佛传故事石雕难陀出家[3][6],时代为三世纪的南印度伊克什瓦库王朝(甘蔗王朝)时期[4]。之后的实例,有阿旃陀石窟第二窟、第十窟、第十七窟中的雕像或壁画,

---

1 两件作品也收入《图像与风格:故宫藏传佛教造像》(图六七、图九六),图版说明曰:"莲座下是双狮垂帘式台座,双狮背向而踞。"按"垂帘"说又见于罗文华《龙袍与袈裟:清宫藏传佛教文化考察》,页288,紫禁城出版社二〇〇五年。
2 关于龙树山,见季羡林等《大唐西域记校注》页832注文,中华书局一九八五年。
3 林保尧《佛像大观》,页15,艺术家出版社一九九七年。
4 伊克什瓦库,又写作"伊克苏瓦古",为南印度的一个王朝,梵语"伊克苏瓦古",即甘蔗。王朝以此为名,可能是因为把自己看作古代神王甘蔗王的后裔。按此承高山杉同道相告。

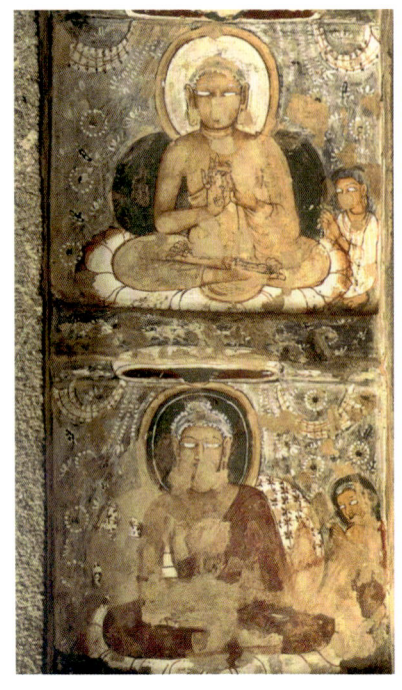

7 阿旃陀第十窟壁画

8 佛雕像及局部 埃罗拉第十二窟

时代约当五世纪至六世纪[1]〔7〕。稍晚的例子，可以举出埃罗拉石窟第十二窟的佛雕像〔8、16〕，时代约在六世纪至八世纪。

此所谓"软靠垫"，在佛经中名作丹枕或倚枕。玄应《一切经音义》卷二"丹枕"条曰："案天竺无木枕，皆以赤皮叠布为枕，贮以兜罗绵及毛，枕而且倚。丹，言其赤色也"[2]。又慧琳《一切经音义》卷四"丹枕"条："天竺国风俗不用木石为枕，皆赤皮或赤色布作囊，贮以靓罗

---

1 第二窟约开凿于公元前二世纪至公元二世纪，不过窟内壁画为后绘。
2 同书卷六释《妙法莲华经》第一卷之"丹枕"与此同。

绵及以毛絮之类为枕，或用枕头，或作倚枕。丹，红赤色者用也。"又同书卷二十七："丹枕，有释枕著仙丹可以延寿，此谓不然。案天竺无木枕，皆以赤皮叠布为枕，贮以靘罗绵及毛絮之类，枕而且倚。丹，赤色也，即同诸经朱色枕耳。头枕、倚枕，悉赤如丹。"又同书卷十三"倚枕"："案倚枕者，以锦绮缯彩作囊，盛奭物，贵人置之左右，或倚或凭，名为倚枕也。"又卷四十九"倚枕"："倚枕者，大枕也。锦绮缯彩作囊，盛轻奭物，置之左右前后，尊贵之人倚凭，名为倚枕。"叠布，即棉布；靘罗绵即树棉或曰木棉。所谓"奭物"、"轻奭物"，也当是棉花、毛絮之类。可知丹枕或倚枕，原系印度上流社会及巨富之家日常生活中的习用之具。释典中的描述也是如此。《大宝积经》卷一〇九，"其跋陀罗波梨家内，恒常铺设六万上妙六合床榻，杂色被褥以覆其上，复以真绯杂色缯彩用为倚枕"[1]。跋陀罗波梨，巨富商主之子也。《佛本行集经》卷十九，"呜呼我子！在于宫内，细滑床敷，柔软毡褥，或覆天衣，或复两边挟置倚枕。或卧或偃，随意自在"[2]。前举佛传故事石雕惊悉出家，表现的便是与此描写相合的宫廷生活。在阿旃陀第十七窟太子须大拏本生以及此窟的藻井装饰画中，也都可以见到丹枕在生活中或背倚或侧凭的使用情景〔9、10〕。第二十六窟石雕涅槃图中的佛陀则是以丹枕枕首而卧〔11〕。新疆库木吐喇石窟第十六窟主室前壁涅槃图（今藏柏林亚洲艺术博物馆）也有相似的图景，却是龟兹石窟壁画中鲜见的一例[3]〔12〕。

丹枕用于佛教艺术，自然也有释典的依据。如玄奘译《大般若波罗蜜多经》卷三九八云，"妙香城内有诸士女，于其城中七宝台上，为法涌菩萨摩诃萨敷师子座"，"于其座上重敷裀褥，次铺绮帊，覆以白氎，络以绚继，

---

1 《大正藏》第十一卷，页608。
2 《大正藏》第三卷，页535。
3 周龙勤等《中国新疆壁画艺术》第四卷，图二〇二，新疆美术出版社二〇〇九年。按图版说明称之为"头枕汉式花枕"。

曾有西风半点香

9 太子须大拏本生 阿旃陀第十七窟壁画

10 阿旃陀第十七窟藻井壁画

11　涅槃图局部　阿旃陀第二十六窟

12　涅槃图局部　库木吐喇石窟第十六窟

宝座两边双设丹枕，垂诸帏带，散妙香花"[1]。原是"贵人置之左右，或倚或凭"的倚枕亦即丹枕，移用于此，便又添一重尊礼之意。而丹枕之外，这里提到的还有"缱綖"，此即本文涉及的另一个细节问题。

1　《大正藏》第六卷，页1061。

绋縗是汉译佛经中经常出现的一个名词，但诸经对它的描述不尽一致。或曰以缯制成，如西晋竺法护译《佛说海龙王经》卷三，云海龙王于大殿上化立师子之座，"敷无数百千天缯，以为绋縗"[1]。或曰锦绣金缕，饰以璎珞，如竺法护译《普曜经》"璎珞之饰床座绋縗"，"吾子在宫时，茵蓐布绋縗。皆以锦绣成，柔软有光泽"[2]；《长阿含经》卷三"绋縗细软，金缕织成，布其座上"[3]。又曰以绮，唐地婆诃罗译《方广大庄严经》卷十二："我子在家时，坐卧敷绋縗。皆以绮饰成，柔软而光泽"[4]。而隋吉藏《法华义疏》卷六云："绋縗者，外国精绢也，名盘缩绣。富贵者重而敷之"[5]。可知绋縗原是异域的高档织物，大略与中土绢、绮、缯等之精好者相仿佛，而以柔软光润精细华美为特色。诸经译者便只是从汉语中拣择接近经文原义的字词以释义，中土其实并无与它恰切对应之物。此所以慧琳《一切经音义》释"绋縗"一词乃颇费踌躇，如《音义》卷十二释《大宝积经》曰"若依字义，与经甚乖，今并不取。经云绋縗者，乃珍妙华丽锦绣绵褥、褫（音池）毡、花毯、舞筵之类也。字书并无此正字，借用也"。而唐窥基撰《妙法莲华经玄赞》则以为绋縗之译并不恰当，因易作"婉莚"："重敷婉莚者，敷，陈设也，有作绋縗。绋音，《字林》：一远反。《玉篇》：绋，绂也，绂冠也。今应作婉，婉，美文章。縗者，席褥，应作莚字。《切韵》：莚者，冠上覆。《玉篇》：冠前后而垂者名縗。今取文绵、华毡之类，绋縗以为茵蓐，不知义何所从。故字应从婉莚"[6]。

不过排比诸经之义，绋縗实在并不等同于茵褥。译经者取"縗"而不取"莚"，当是考虑其式与冕服之冠前后而垂的"縗"约略相

---

[1]《大正藏》第十五卷，页144。
[2]《大正藏》第三卷，页535。
[3]《大正藏》第一卷，页23。
[4]《大正藏》第三卷，页614。
[5]《大正藏》第三十四卷，页528。
[6]《妙法莲华经玄赞》第五卷，《大正藏》第三十四卷，页751。

当，于是借用"綖"在这里的垂覆之义。"綩"字则是借来以表其"文"，——或织文，或绣文[1]。然而慧琳所举绵褥、毡、毯，包括舞筵，其用途或者是铺展，或者是围护[2]，却皆非以轻薄柔软之状而成垂覆之式，窥基因此说"綩綖以为茵蓐，不知义何所从"，且认为若是席褥，"字应从婉莚"。

今细绎经义，所谓"于其座上重敷祸褥，次铺绮帊，覆以白氎，络以綩綖"，便是吉藏所云"重而敷之"、"重敷蓐上"[3]，那么綩綖当是蒙覆于坐具之表，即祸褥、绮帊、白氎之外，更敷设綩綖而博取妆点华丽之效。译者特地用了一个"络"字，意在表明它的有垂穗如璎珞之类。而他经提到綩綖，也常常是茵褥、毡毯与之并举，且綩綖列在其末[4]，更每每强调它的"柔软"或"柔软细叠"，可据以想见其式。

按照这样的理解，在印度早期石雕中便可以找到綩綖的实例，如新德里印度国家博物馆藏一件早期安达罗王朝石雕中坐具的敷设，石雕内容为宫廷生活〔13〕。綩綖在佛教艺术中的使用，前期主要见于古印度西北部犍陀罗艺术中的石雕，如白沙瓦博物馆藏佛传故事中的占梦〔14〕，拉合尔博物馆藏浮雕三十三天说法〔15〕。后期则可以埃罗拉佛教石窟中的样式为例，即它是敷设于仰覆莲花之下的坐床上面，垂覆于两个背向坐狮之间的一具半月式敷设。精细者，其外缘以联珠纹为饰，简质者则光素无纹〔16〕。

至于中土佛造像，自南北朝至隋唐，坐具中表现綩綖且采用犍陀罗样式者，主要见于新疆地区，如克孜尔石窟原位于第二〇六窟主室右壁

---

1 唐湛然《止观辅行传弘决》卷第七："綩綖者，《埤苍》云：'綩者，衣绣裳也。'綖者，席也。应作莚字。此綖字是天子覆冠曰綖。亦可通用。"《大正藏》第四十六卷，页387。
2 如白居易《青毡帐二十韵》"软媆围毡毯"，"平铺小舞筵"。
3 吉藏《法华统略》卷中："綩綖者，此间字书，未见其事。云是外国盘缩绣，大富家重敷蓐上也"（《续藏》第二十七卷，页479）。
4 如西晋于阗国三藏无罗叉译《放光般若经》第十八卷"譬如幻师持一镜，……于中示现若干种坐：氍氀、毾㲪、綩綖……"（《大正藏》第八卷，页130）。

13　早期安达罗王朝石雕
　　新德里印度国家博物馆藏

14　占梦局部　白沙瓦博物馆藏

15　三十三天说法局部　拉合尔博物馆藏　　　　　　　16　佛坐像　埃罗拉石窟第十二窟

的为释迦族女说法、第二〇七窟蛤闻法升天缘[1]〔17~18〕，又巴楚县托库孜萨来遗址出土的唐代石膏砖雕〔19〕。莫高窟第二五四窟（北魏）南壁中央说法图中，佛座垂下类如璎珞的棋格纹坐具铺设，与克孜尔石窟所绘很相似[2]〔20〕，大约是根据传来的画样而稍加改造。此外尚有隋代一例，即莫高窟第四〇七窟（隋）东壁门上的说法图[3]〔21〕，佛座之表垂覆的铺设亦宛然络绎如"柔软细叠"之物。至于中原地区，则实例很少，所知有台湾震旦文教基金会藏北齐皇建二年比丘造佛七尊像碑[4]〔22〕，此虽与印度石雕中的绹緂意趣相异，但绹緂的垂覆之式大抵一致。然而在汉传佛教艺术中它终究没有形成流传之势。

1　时代为六至七世纪，今均藏柏林亚洲艺术博物馆。新疆龟兹石窟研究所《中国新疆壁画·龟兹》，图八〇、图一二〇，新疆美术摄影出版社二〇〇八年。
2　张元林《敦煌石窟艺术·莫高窟第二五四窟附第二六〇窟》（北魏），图七三，江苏美术出版社一九九五年。有意思的是，同窟南壁降魔变中魔王波旬之子也身穿纹饰相同的衣服。
3　敦煌文物研究所《中国石窟·敦煌莫高窟》第二卷，图九二，文物出版社一九八四年。
4　《佛雕之美·北朝佛教石雕艺术》，图四五，台北历史博物馆一九九七年。图版说明曰："主尊结跏趺坐于须弥座，座上覆盖华毯。"

17 为释迦族女说法局部
　　克孜尔石窟第二〇六窟
　　主室右壁壁画

18 蛤闻法升天缘局部
　　克孜尔石窟第二〇七窟壁画

19 石膏砖雕
　　巴楚县托库孜萨来遗址出土

20　莫高窟第二五四窟南壁中央说法图

22　北齐皇建二年比丘造佛七尊像碑　震旦文教基金会藏

21　莫高窟第四〇七窟东壁说法图

23·1 释迦牟尼佛坐像（斯瓦特）
故宫博物院藏

23·2 思惟莲花手观音菩萨坐像（斯瓦特）
故宫博物院藏

如此以观前举故宫藏吐蕃时期铜坐像，所谓"圆莲座下承长方台座，座中饰翻卷的台布"，或"莲座下是双狮垂帘式台座"，此"台布"与"垂帘"，所表现的便是在印度传统图式中长久保持着的"绕綖"，而在边缘处作出皱褶以彰显绕綖的质感。这是一种新的表现方式，以后便长久延续下来。而同埃罗拉雕像近似者也与之并存，如同为故宫博物院藏品的两尊吐蕃时期出自斯瓦特的铜造像坐具敷设，即图版说明称作"梯形台布"者[1]〔23〕。又艾尔米塔什博物馆藏出自敦煌、时属中唐亦即吐蕃统治时期的几件擦擦，也是相似的例子〔24〕。

图式中尚有一个值得注意的细节，即莲花台下、狮子座侧成犄角之势的一对背向坐狮。狮子座本来源于印度，其造型的早期之例，可以举

---

1 《中国藏传佛教雕塑全集·第二卷·金铜佛（上）》，图一二至一三。图一二图版说明曰"双狮方座，前垂梯形台布，璎珞镶边，上刻花纹"。

24　敦煌出土擦擦
　　艾尔米塔什博物馆藏

25　四天王奉钵　马图拉博物馆藏

出马图拉博物馆藏石雕佛传故事"四天王奉钵"〔25〕,又卡特拉出土贵霜时期的佛陀坐像[1]〔26〕,座间狮子均为背向。前者时代约当一世纪,后者约成于二世纪前半叶。更晚的例子不胜枚举。当然也不乏相向的一对坐狮之例,但毕竟以背向者为主流。相反,东传之后,坐具造型为两侧一对正面坐狮,或是相向蹲踞的一对狮子,在魏晋南北朝至隋唐始终为主流。然而安西榆林窟第二十五窟东壁菩萨曼荼罗经变中卢舍那佛莲花下的狮子座,构图却与印度的传统图式十分接近[2]〔27〕。此窟开凿于吐蕃占领时期。

如此,现在可以提出这样一个意见,即吐蕃时期一种来自印度的佛

1　狮子座上的铭文曰:"佛图拉什塔的母亲阿莫哈西及其父母一道,将此尊菩萨像置于自家的庙宇中,企愿一切众生,吉祥如意。"虽曰"菩萨",但实为佛陀形象。大约因为早期人们把在各地到处传法的佛陀称作菩萨的缘故。赫尔穆特·吴黎熙《佛像解说》(李雪涛译),页112,社会科学文献出版社二〇〇三年。
2　段文杰《敦煌石窟艺术·榆林窟第二五窟附第一五窟》,图八,江苏美术出版社一九九三年。

丹枕与缬缬　137

26　卡特拉佛陀坐像　马图拉博物馆藏

27　狮子座　榆林窟第二十五窟东壁
　　八大菩萨曼荼罗经变

造像样式，其基本构图与围绕尊像的情境安排：背屏式坐床，坐床前方两端各一对背向的坐狮。背屏装饰拏具，最简单的一种为背屏两端一对摩羯；繁复者，摩羯下方有立在大象身上的狮羊。尊像背倚丹枕，丹枕或有表现缝制痕迹的横向纹路，两端多有花朵式的束结。尊像上方的两边，通常有一对相向而舞的飞天。莲花台下的坐床上面、两个背向的坐狮之间，或垂覆"绔綖"。

大昭寺的两幅早期壁画遗存，尊像均是背屏式坐床，背倚丹枕，丹枕两端有束结，坐床下方壶门内各一对背向的坐狮，其中一幅背屏两端有一对摩羯。在坐床的细节安排上，此与吐蕃时期来自印度和尼泊尔的佛造像是一致的，只是拏具的表现形式尚比较简略。而在这之后的藏传佛教绘画中，这种样式的丹枕几乎不再出现，因此判断两幅壁画是否为吐蕃时期的作品，这是一个可以重点考虑的因素。

余论

（一）

丹枕形成印度—吐蕃风格的表现形式之后，传至西夏，又逐渐演变为别一种艺术语汇。内蒙古黑水城遗址出土的西夏绘画作品，如绢本释迦牟尼佛、棉布本药师佛、阿弥陀佛（残片）等[1]〔28~30〕，图像中真正的丹枕已不复存在，却是把丹枕变形为坐具背屏，丹枕两端有若花朵的

1　上海艺术研究所等《西夏艺术研究》，图1-1、图1-4、图1-6，上海古籍出版社二〇〇九年。

曾有西风半点香

28 释迦牟尼佛局部
　　黑水城遗址出土

29 阿弥陀佛（残片）
　　黑水城遗址出土

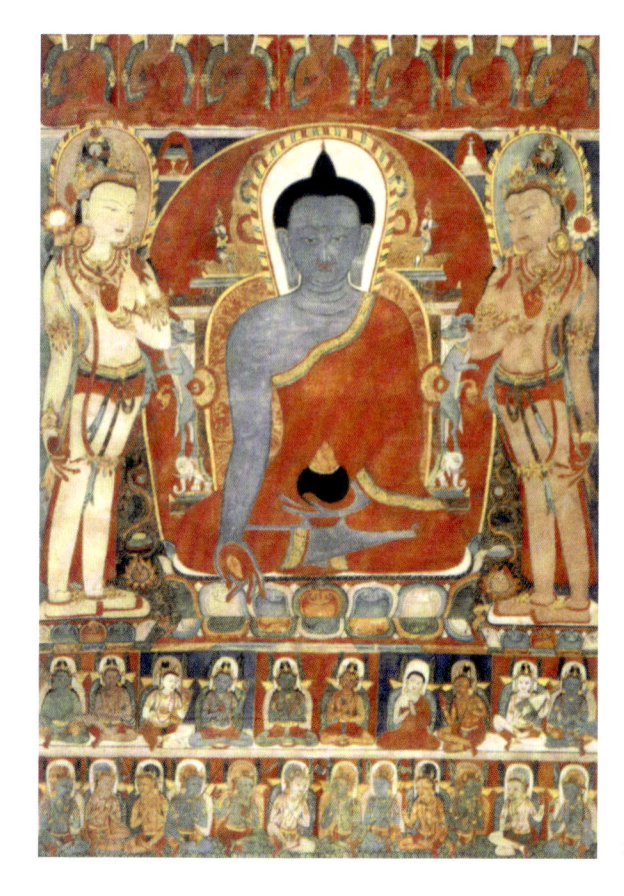

30　药师佛 黑水城遗址出土

束结变作背屏两侧的嵌宝装饰，即所谓"两个'纽扣'样的宝石"[1]。而这一细节演变的过程，正显示着印度—吐蕃—西夏的图式传播轨迹。

这里可以顺便涉及敦煌莫高窟第四六五窟的断代问题。此窟目前被普遍接受的断代论定是元代。谢继胜《西夏藏传绘画——黑水城出土西夏唐卡研究》提出它的时代为西夏早期，而吐蕃窟的可能性也不排除，其分析和考证，持之有理。第四六五窟的坐具多采用背屏嵌宝的表现

---

[1] 《俄藏黑水城艺术品·Ⅰ》，图版七二、图版八三至八五，上海古籍出版社二〇〇八年。所谓"两个'纽扣'样的宝石"，见该书所收萨玛秀克《十二至十四世纪黑水城汉藏佛教绘画》一文，第六节"风格"中言及佛座样式，作者说："佛座靠背有绿色、蓝色、橙黄色、黑色，并有大卷花图案。有时底座的两边有两个'纽扣'样的宝石。"（页57）

32 湿婆像
新德里印度国家博物馆藏

31 持花菩萨
敦煌莫高窟第四六五窟窟顶东披壁画

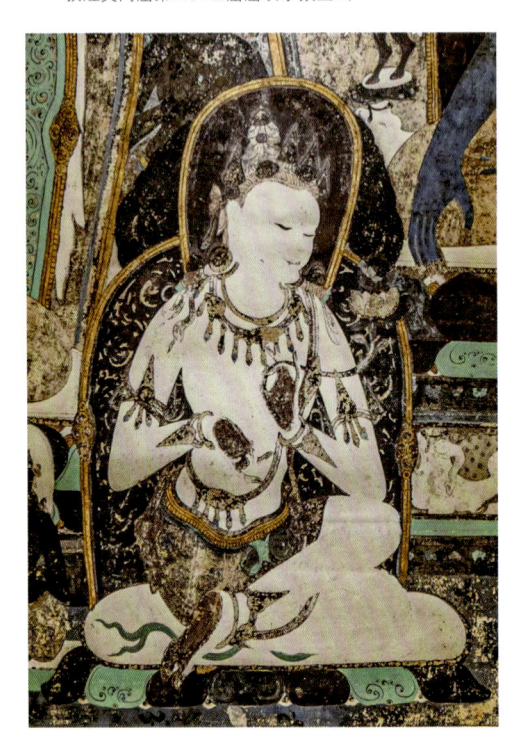

形式〔31〕，黑水城出土西夏绘画的坐具图式即与此几乎完全相同，但元代遗存中，这种样式已经极少见；而在吐蕃时期，它应为几乎是忠实于原样的印度式丹枕。这一点，或可作为西夏说诸论据的一个细节补充。

另一方面，丹枕作为显现图像风格特征的一个细节，在印度原有着古老的传统，并且曾经是活跃在日常生活中的用具，因此在本土始终是充满生命力的视觉语汇。它早就出现在印度教艺术，如新德里印度国家博物馆藏一件五世纪的石雕湿婆像〔32〕。在后来的莫卧儿王朝细密画中，丹枕的使用，更比比皆是，造型与早期相比，也无多变化。而华盛

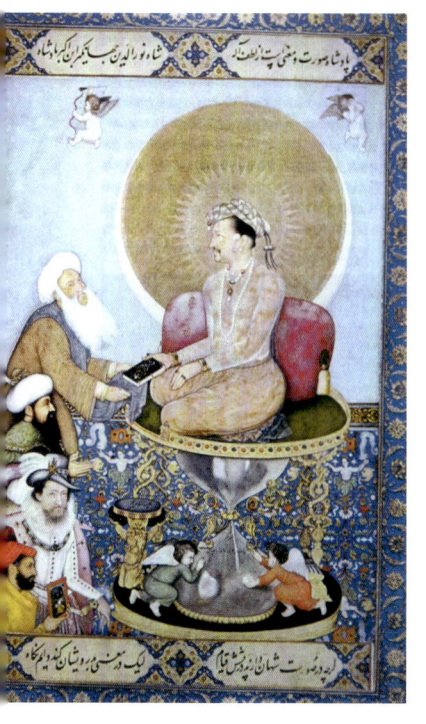

33　《计时沙漏宝座上的贾汉吉尔》
　　华盛顿弗利尔艺术馆藏

34　《度母像》局部　札达县托林寺出土

顿弗利尔艺术馆藏《计时沙漏宝座上的贾汉吉尔》一幅，从它的构图布局尚可见出古老图式的一脉相承[1]〔33〕，虽然已经完全更换了语境。

至于绋綖，在图式传播过程中也已成为藏传佛教图像里一种程式化的艺术语言，唯原初的垂覆之式依然长久保持不变。《宝藏》中著录一幅札达县托林寺出土《度母像》布画唐卡，著录者将唐卡归属于吐蕃时代[2]〔34〕。从图像中的挚具来看，它的时代似应在后弘初期，只是装饰细节依然保留着吐蕃艺术的若干特征，即如莲花坐下的半月式"绋綖"。而这一表现形式，正是自后弘初期始变得十分流行，并且逐渐成为藏传

1　王镛《印度美术》，页447，中国人民大学出版社二〇〇四年。
2　《宝藏》，图一〇五。

丹枕与绋綖　143

35　擦擦（后弘初期）　札达县托林寺出土

36　木雕五佛冠残件（后弘初期）
　　札达县托林寺出土

佛教艺术中一个程式化的语汇，大量见于寺院壁画、唐卡、木雕造像、擦擦，又五佛冠、经书木匣的装饰图案，等等[1]〔35~36〕。虽有精细与粗略、华美与简质之别，但构图基本一致。这一图式也为西夏乃至元代所采用，如黑水城出土西夏绘画，如安西榆林窟时属元代的第四窟中的说法图[2]〔37~39〕。以后又延续到明清时代各种类型的藏传佛教艺术[3]〔40~41〕。不过綩綖的名称或早已改变。——当"綩綖"在传播过程中逐渐演变为一种徒具形式的艺术语汇，而已完全脱离它原有的实用意

1　如出自阿里皮央村西侧杜康大殿出土的各种木雕，见四川大学中国藏学研究所等《皮央·东嘎遗址考古报告》，图7—13：1、3、4，图7—14：2、3，图7—16：1，四川人民出版社二〇〇八年。如出自札达县托林寺的木雕五佛冠残件，出自日喀则地区的经书封盖，谢继胜《中国藏传佛教雕塑全集·6·木雕》，图四一、图四九，北京美术摄影出版社二〇〇二年；又如出自札达等地的擦擦，张建林《中国藏传佛教雕塑全集·4·擦擦》，图八、图九〇，北京美术摄影出版社二〇〇二年。

2　敦煌研究院《中国石窟·安西榆林窟》，图一八一、一八四（东壁北侧说法图）；图一八五（东壁南侧说法图）；图一八七（北壁东侧灵鹫山说法图）；图一九〇（南壁西侧说法图），文物出版社一九九七年。

3　如出自札达县的明代擦擦，《中国藏传佛教雕塑全集·4·擦擦》，图一一六，如布达拉宫的清代木雕罗汉屏风，《中国藏传佛教雕塑全集·6·木雕》，图一八五。

37　木雕经书封盖（后弘初期）　出自日喀则地区

38　药师佛局部
　　黑水城遗址出土

39　白度母曼荼罗局部
　　榆林窟第四窟南壁壁画

40　擦擦（明代）札达县出土

41　木雕罗汉屏风（清代）布达拉宫藏

义的时候，新的命名似乎就应该出现了[1]。

（二）

丹枕其实很早就进入中原地区，并且传播开来，不过却改换了名称，即易"丹枕"而为"隐囊"[2]。《颜氏家训·勉学篇》曰，南朝萧梁盛时，贵游子弟无不"坐棋子方褥，凭斑丝隐囊"。《南史》卷十二《张贵妃传》："时（陈）后主怠于政事，百司启奏，并因宦者蔡临儿、李善度进请。后主倚隐囊，置张贵妃于膝上共决之。"《资治通鉴》卷一六七胡注："隐囊者，为囊实以细软，置诸坐侧，坐倦则侧身曲肱以隐之。"南北朝时期，可与文献相互发明的图像，见于龙门石窟宾阳中洞东壁的维摩诘像，纽约大都会博物馆藏李道赞等五百人造像碑中的维摩诘[3]〔42·1〕，宋摹本《北齐校书图》，西安北郊北周安伽墓出土围屏石榻正面屏风第二幅的宴饮图[4]〔42·2〕。河南安阳隋张盛墓出土白瓷女侍俑中有抱持隐囊者〔43·1〕，相似的形象也见于大都会博物馆的收藏品〔43·2〕。山西大同东风里辽

---

1 清工布查布《佛说造像量度经》"论座位则有备、便之别，备者，义制全备也。……所云便者，则随便取用之辞，如莲华座、月轮垫，是也"。所谓"月轮垫"，未知是否指此。又《清代工匠则例汇编》"佛像装銮"一项曰"神座彩画胭脂，黄粉地锦边，退嵌老色洋毯"；又有"神座神台彩画洋毯"每尺用料云云（王世襄《清代工匠则例汇编》〔佛作、门神作〕，页145、152，北京古籍出版社二〇〇二年）。装饰于神座或神台的"洋毯"，似即"缂缂"。所谓"神"，乃"番佛神像"，即藏传佛教造像。故宫所存实例甚多。

2 关于隐囊的考证，见孙机《中国圣火·唐·李寿石椁线刻〈侍女图〉、〈乐舞图〉散记》，页211，辽宁教育出版社一九九六年。

3 此碑全称《武猛从事汲郡山阳李道赞率邑义五百余人造佛》，铭文曰"维大魏永熙三年岁在甲寅兴建至武定元年岁次癸亥八月功就"。金申《海外及港台藏历代佛像珍品纪年图鉴》，页86，山西人民出版社二〇〇七年。

4 陕西省考古所《西安北周安伽墓》，图版四四，文物出版社二〇〇三年。安伽是粟特人，在北周任同州萨保，职掌胡人的管理，因此有学者提出"安伽墓中隐囊使用之画面，应即粟特部落生活风俗的写真。易而言之，隐囊为物之渊源，应即来自粟特等西域诸胡之民间"（张乃翥《龙门石窟与西域文明》，页84，中州古籍出版社二〇〇六年）。而此说实误也。隐囊实渊源于印度的"丹枕"。中土原有隐几，席坐疲劳，隐几可藉凭倚，丹枕与隐几功用差似，却与枕的形制不同，东传之后的以"隐囊"易"丹枕"，正是合乎情理。

42·1 李道赞等五百人造像碑局部 纽约大都会博物馆藏

42·2 围屏石榻局部 西安北周安伽墓出土

43·1 白瓷女侍俑
河南安阳隋张盛墓出土

43·2 白瓷女侍俑
纽约大都会博物馆藏

44　辽代壁画墓壁画　山西大同东风里 　　　　45·1　莫高窟第四三一窟南壁上品下生

壁画墓〔44〕、山西朔州市政府工地辽墓，墓室壁画均有放置在床上的隐囊。

敦煌壁画中也曾出现隐囊的形象，如莫高窟第四三一窟（初唐）南壁观无量寿经变九品往生中的四幅[1]〔45〕，这里都是用来表现世俗生活。只是它终究没有在汉传佛教造像艺术中流行开来而形成图式，但却始终作为生活用具长期沿用直到明清。清江浩然《丛残小语》："隐囊形制，未有详言者，盖即今之圆枕，俗名西瓜枕，又名拐枕，内实棉絮，外包绫缎，设于牀榻，柔软可倚，正尚清谈、喜晏佚者一需物也。隐音印，即隐几之隐。"桂馥《札朴》卷四"隐囊"条："今牀榻间方枕，俗呼靠

1　施萍婷《敦煌石窟全集·5·阿弥陀经画卷》，图八八、图九一、图九二、图九四，商务印书馆（香港）有限公司二〇〇二年。按图八八说明曰："画中的枕头，形如腰鼓，大且有花纹，为我们保存了初唐枕头的形象材料。"

45·2 莫高窟第四三一窟
南壁中品下生

46 故宫乐寿堂内陈设复原

枕,即隐囊也。……'隐'读如《孟子》'隐几'之'隐'。"隐囊在清代或又名作引枕。《红楼梦》第三回曰王夫人的东耳房内"临窗大炕上铺着猩红洋毯,正面设着大红金线蟒引枕",即是此物。它也正是清代宫廷习用的陈设〔46〕。只是这时候它的印度渊源早已鲜被提及。

丹枕与䌽缬 149

最后要再次强调的是,"丹枕"、"缞縩",俱来自汉译佛经,只是丹枕未曾在汉传佛教艺术中形成图式广泛流行,缞縩则主要见于龟兹壁画。而当它被藏传佛教艺术"拿来",并普遍施用的时候,必会随之有着相应的藏文称谓,此尚待有识之士指明。本文对"丹枕"、"缞縩"的名称使用,旨在于通过对此一器一物历史名称的梳理和考订,追索图式来源,进而勾画出图式传播演变的轨迹以及传播过程中的若干相关问题。也意在表明,研究人物造型、人体比例,辅助装饰、景物配置的表现风格,划分艺术流派,论定时代特征,等等,即佛教艺术的图像学研究之外,名物研究也是一个可以采用的方法。

[初刊于《传统中国研究集刊》九、十合辑,上海人民出版社二〇一二年,题作《丹枕与缞縩:佛教艺术名物考》]

牙床与牙盘

壹　牙床：都兰吐蕃墓出土的一组彩绘木构件

青海海西州都兰县吐蕃墓三号墓，为热水南岸墓群中的中心墓葬之一，时代约当八世纪中期[1]。此墓的墓道扰土中发现了一组数件彩绘木板，发掘报告称作"彩绘木箱状木器"，并描述其状曰："形状似方形木箱，原料用柏木。仅存五个面，即一个底面和四个侧面。五个面朝外部分皆有彩绘。底面长44、宽40厘米，厚两厘米"；"四个侧面皆由四块木板组成。木板间由外向内层层叠压，形成叠涩状侧面。最靠上和最靠外的木板为长方形，中间两块木板为四十五度等腰梯形。各个侧面同一层的梯形木板间的梯形斜边互相楔合。最下面一块木板为梯形。木板之间有铁钉痕迹。"每个侧面系由构成壸门的边框和填充壸门的木块组成，主题图案如持弓射箭者、吹笙者、弹奏琵琶者，又鹿纹、祥云纹，便绘在填充壸门的木块上面[2]〔1~4〕。

从发掘报告描述的情况和刊布的图片来看，这一组"彩绘木箱状木器"只有四个边框和一块"底板"，并且出土状况是"木板间由外向内层层叠压，形成叠涩状侧面"〔5〕，则它似非箱箧之类的容器。

不妨比较一组与此相似的例子，即甘肃肃南县西水乡大长岭吐蕃墓出土的彩绘木板。木板原嵌于墓葬后室之壁，只是墓室清理前已遭破坏，木板均散落于地。简报曰：室顶拱形，上设顶棚，即两根圆椽为横梁，上架十三根长木条，一层黄丝绸帐幔覆于其上[3]。据此，后室便是设计为一具帷帐。

1　北京大学考古文博学院等《都兰吐蕃墓》，页126～128，科学出版社二〇〇五年。
2　《都兰吐蕃墓》，页100～101，图版三二：4、三三至三五。
3　施爱民《肃南西水大长岭唐墓清理简报》，页14~15，《陇右文博》二〇〇四年第一期。

1 彩绘木器之一 青海都兰吐蕃墓出土

2 彩绘木器之二 青海都兰吐蕃墓出土

3 彩绘木器之三 青海都兰吐蕃墓出土

4 彩绘木器之四 青海都兰吐蕃墓出土

5 彩绘木器出土状况

6 彩绘木器之一 甘肃肃南县西水乡大长岭吐蕃墓出土

木板彩绘十二生肖,画面保存比较完整者有七,即马、蛇、羊、鸡、猴、虎、鼠、猪合为一幅,其余龙、牛、狗、兔则已朽坏。每幅生肖图皆以墨线勾画出壸门的边框,然后在壸门内施以彩绘,动物周围点缀涌起的祥云[1]〔6~10〕。

---

1 《肃南西水大长岭唐墓清理简报》,页19;甘肃省文物局《甘肃文物菁华》,图一九六至一九七,文物出版社二〇〇六年。马、蛇之幅长87厘米,宽24.5厘米;鼠、猪之幅长57厘米,宽20厘米;鸡图长64厘米,宽12厘米;猴图长73厘米,宽20厘米;虎图长127厘米,宽26厘米。李永平《肃南大长岭唐墓出土文物及相关问题研究》认为大长岭唐墓的时代为七世纪末至八世纪中期,"墓葬葬俗及文物既有唐文化风格,又有突厥习俗和影响"(页115,台北《故宫文物月刊》第十九卷第六期,二〇〇一年)。

7 彩绘木器之二 甘肃肃南县西水乡大长岭吐蕃墓出土

8 彩绘木器之三 甘肃肃南县西水乡大长岭吐蕃墓出土

9 彩绘木器之四 甘肃肃南县西水乡大长岭吐蕃墓出土

10 彩绘木器之五 甘肃肃南县西水乡大长岭吐蕃墓出土

两组彩绘木器的共同之处是在木板上面做出壸门，并在壸门内作画，虽然使用的方法稍稍有异。而这种做法最常见于各种基座，如陕西三原唐淮安靖王李寿墓出土的石椁，石椁基座细线刻饰壸门，壸门内以细线阴刻生肖图〔11〕。墓葬年代为贞观四年[1]。又陕西礼泉县昭陵唐新城长公主墓出土石棺床，棺床基座细线刻出十八个壸门轮廓，复于轮廓内以阴线一一刻画祥云簇拥着的各种神兽。墓主人卒于龙朔三年[2]。类同者尚有唐薛儆墓（开元八年）〔12〕、唐惠陵（开元二十九年）等等[3]，其例甚多。五代的例子，如新疆和田布札克古墓地出土一号彩绘木棺并床座。床座系木板拼接，四面双线勾画壸门轮廓：前后档各二，两个侧边一面为四，一面为五，壸门内填绘花卉对鸟或对凤图案[4]〔13〕。

　　与此类似的做法也常见于佛教艺术，如甘肃武威天梯山石窟第三窟右壁龛外下方第一层墨线勾出壸门，内绘吹笙的伎乐天，壁画的时代为初唐[5]〔14〕。又莫高窟第十七窟，亦即藏经洞内洪䛒塑像的像座，便是绘出壸门的一个坐床，而在壸门内彩绘双鹿衔花[6]〔15〕。鹿的造型与都兰吐蕃墓彩绘木板壸门画中的鹿十分相似。第十七窟建于唐大中五年至咸通三年之间，此际吐蕃对敦煌的统治正是结束未久。

　　对照以上例证，可大致推定，出自都兰吐蕃墓的彩绘木器为坐床之属，而肃南大长岭吐蕃墓的一组十二生肖彩绘木板，则是在帷帐式后室中表现床座亦即棺床。

1　张鸿修《隋唐石刻艺术》，页135，三秦出版社一九九八年。
2　陕西省考古研究所等《唐新城长公主墓发掘报告》，页125，图一〇四至一一〇，科学出版社二〇〇四年。
3　山西省考古研究所《唐代薛儆墓发掘报告》，页38，图版二六至三二，科学出版社二〇〇〇年；唐惠陵出土石椁底座壸门线刻画，陕西省考古研究所等《唐李宪墓发掘报告》，页218，图二一二至二一四，科学出版社二〇〇五年。又天水市博物馆《天水市发现隋唐屏风石棺床墓》，页47，图二，《考古》一九九二年第一期。
4　新疆维吾尔自治区文物事业管理局等《新疆文物古迹大观》，页98，新疆美术摄影出版社一九九九年。
5　敦煌研究院等《武威天梯山石窟》，彩版三六，文物出版社二〇〇〇年。
6　敦煌文物研究所《中国石窟·敦煌莫高窟》第四卷，图一二九，文物出版社一九八七年。

11 石椁基座壸门线刻画 唐李寿墓出土

12 石椁基座壸门线刻画 唐薛儆墓出土

13 彩绘木棺并床座
和田布札克古墓地出土

14 武威天梯山第三窟右壁龛外下层壁画

15 莫高窟第十七窟北壁基坛壶门彩绘

家具造型中的所谓“壸门”，系指坐具四足之间形成的空间[1]。而坐具之足很少采用平直一律的造型，如果足的两侧做成弧线，那么足与足之间的空当便构成了曲线优美的轮廓[2]。这一类坐具，唐代或呼为牙床[3]。

牙床之名见于敦煌文书中的点检历，如伯・三一六一和伯・三〇六七中的“大牙床”；又伯・三六三八“新六脚大床壹张，方食床壹张，新牙床壹，新踏床壹”。又斯・一三六六中提到“供造牙床木匠八人”[4]。

1 壸门，日人称作“格狭间”，小杉一雄『中国仏教美术史の研究』对此有专题讨论，见该书页175~187，新树社一九八〇年。

2 或认为明式束腰家具的造型和它的马蹄足即是从唐代流行的台座或壸门牀、壸门案演变出来，“开始由每面几个壸门简化到每面一个壸门，再由一个壸门简化到四角只剩四根腿足”；“壸门从台座上消失，最后遗留下歧出的牙脚，经过蜕变和敛缩，成为足端的马蹄。壸门牀、案原有底框，部分有束腰家具保留了底框，它就是托泥”（王世襄《明式家具研究・文字卷》，页97，三联书店（香港）有限公司一九八九年）。不过这里所叙述的演变过程如果成立的话，那么它也应是此演变之第二阶段的情形，而第一阶段的情况与之恰恰相反，即席坐时代的牀、案之类原是以有蹄足而形成壸门，只是这时候的牀和案还都很矮。

3 日人小野胜年曾有过关于牙床讨论。文章引述宋李诫《营造法式》中的说须弥坐，又引《西大寺资财流记帐》中有关牙床的记录，如“药师净土变一铺，牙床一基，敷土代布三条”等，认为此所谓“牙床”，即须弥座。见『牙床の意味について』，页87~88，《佛教艺术・13》，每日新闻社一九五一年。按此说大致不错，不过唐代牙床所指，为下设壸门的各式坐床或置物的床座，有壸门的须弥座固在其内，而所包括者又不止须弥座也。

4 唐耕耦等《敦煌社会经济文献真迹释录》第三辑，页40、33、116，全国图书馆文献缩微复制中心一九九〇年。伯・三一六一为《年代不明（公元十世纪）某寺常住什物点检历》；伯・三〇六七为《庚子年（公元九四〇或一〇〇〇年）后某寺交割常住什物点检历》；伯・三六三八为《辛未年（公元九一一年）正月六日沙州净土寺沙弥善胜领得历》。斯・一三六六为《年代不明（九八〇~二）归义军衙内面油破用历》。同上，页281。

16　木画紫檀棋局　正仓院藏

点检历将牙床与几种不同的"床"列在一起，并且制作有专门的工匠，可见牙床自有不同于其他的形制。

牙床实物与文献合式的对应，一个直接的证据是日本正仓院北仓所藏一具木画紫檀棋局。棋局上盘下座连为一体，棋盘表面嵌以纵横十九道象牙罫线，又木画花眼十七枚，对局的两侧各设一个带金环的抽屉，抽屉内有木雕龟盒各一枚，盒内容棋子。抽屉之下便是上沿作出花牙子、下有托泥的壸门座[1]〔16〕。《东大寺献物帐》登录此物，于其构造形容备细，曰："木画紫檀碁局一具。牙界花形眼，牙床脚，局两边着环，局内藏纳綦子龟形器，纳金银龟甲龛。"将这一节文字与实物对照来读，则"牙床脚"者，棋局的壸门座也。以此为例，又可知早于它的河南安阳北郊隋张盛墓出土白瓷棋局，其下连之座也该称作"牙床脚"〔17〕。

---

1 《正仓院展・昭和五十七年》，页86~89，奈良博物馆一九八二年。

牙床与牙盘　159

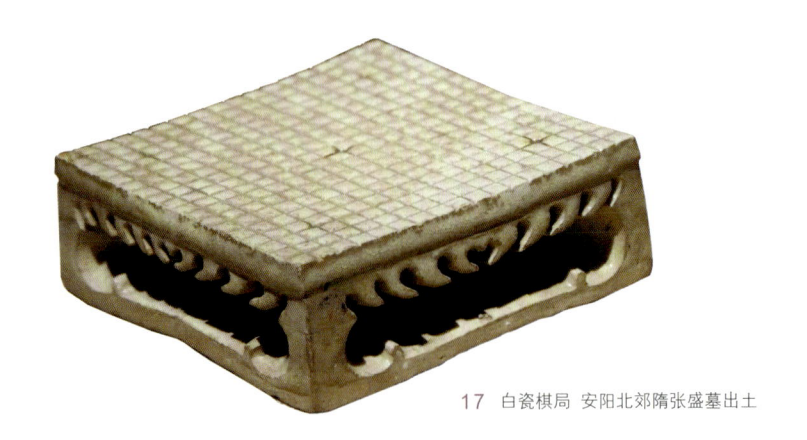

17　白瓷棋局　安阳北郊隋张盛墓出土

　　如此样式的围棋盘，在新疆阿斯塔那唐墓出土屏风画的弈棋图中也描绘得很清楚〔18〕。而所谓"牙"，大约最初便是由床之壸门座的上沿以及四脚的两面均作出花牙子而名之。后来《营造法式》卷十五"须弥坐"条称基石之上的花牙子为"牙脚砖"，正是对这一名称的沿用。在席坐与垂足座并行的时代，牙床是包括了坐床和承物之床座的。

　　壸门式床座的应用十分广泛，不论世俗建筑，抑或佛教艺术中的像座和基坛，亦即坐床和床座。壸门内装饰各种纹样，也是唐宋时代流行的做法。用于佛教艺术的各类床座，壸门装饰以力士、狮子、伎乐为主，如陕西扶风法门寺地宫出土承托汉白玉灵帐的基坛〔19〕。世俗建筑则如前面举出唐代墓葬中的棺床床座，祥云与动物的组合纹样似更为常见。

　　牙床也为吐蕃佛教艺术所用（当然很可能又另有名称），床座两侧的壸门内或装饰一对背向的坐狮，如此造型实与印度的传统图式关系密切，说见《丹枕与綩綖》。两座吐蕃墓出土的坐床构件当是世俗用器，而居家日用之具以木器为多，本来是西北地区的特点，木板画也是汉晋以来这里的传统。以十二生肖或祥云中奔跑的动物作为壸门装饰，与中原地区的做法相似，但接续西北彩绘砖画传统的绘画风格和赭面的吐蕃人，自是本地风光。

18　弈棋图局部
　　阿斯塔那屏风画

19　汉白玉灵帐壸门座浮雕之一
　　法门寺地宫出土

贰　牙盘

敦煌文书中的牙盘，集中见于几件"点检历"，如《唐咸通十四年（公元八七三年）正月四日沙州某寺交割常住物点检历》（伯·二六一三）：

　　故破牙盘壹，无脚
　　八尺大牙盘壹，无脚

又《辛未年（公元九一一年）正月六日沙州净土寺沙弥善胜领得历》（伯·三六三八）：

捌尺牙盘壹

陆尺牙盘壹

朱神德新牙盘壹

又故牙盘壹

无唇牙盘壹

小方牙盘壹

又《后晋天福七年（公元九四二年）某寺交割常住什物点检历》（斯·一六四二）：

小黑牙盘子壹，无连蹄

五尺花牙盘壹，无连蹄

三尺牙盘壹面

四尺花牙盘子壹

小牙盘子壹

四尺花牙盘壹面

白牙盘壹面

花牙盘壹面

绿净牙盘壹面

花牙盘壹面，在程阇梨

四尺花牙盘壹面

又《后周显德五年（公元九五八年）某寺法律尼戒性等交割常住什物点检历状》（斯·一七七六）：

小黑牙盘壹，无连蹄

五尺花牙盘壹面，无连蹄

三尺花牙盘壹

又《年代不明（公元十世纪）某寺常住什物交割点检历》（伯·三一六一）：

大花牙盘贰，无连提（蹄）

又牙盘壹

又三尺花牙盘壹

可知牙盘是当日寺院中数量不算很少的一种器具，因此它也常用于信众的施舍[1]。然而牙盘的用途是什么，形制究竟是怎样的，古人与今人对此似乎都没有给出一个明白而翔实的答案。

一　牙盘之用途：唐至两宋

方以智《通雅》卷三十九"牙盘"条："牙盘，看食盘也。看卓，一名香药卓。唐少府监御馔器用：九饤食，以牙盘九枚装食，亦谓之看食。《演繁露》曰：'据此即是以牙饰盘矣'，此说拘甚。或曰：牙盘，谓其色白也。一曰看食饤坐，如今粘果高卓，牙列在前，谓之牙盘。隋唐皆以牙盘进食。高似孙言：'奉祀攒陵，得牙盘食，有薄饵甘脆。'《食经》言'五色小饼，盛盒累积，曰䰞饤；今曰春盛'是也。因作锭饤。《鼠璞》曰：香药卓，乃看卓也。坡公《与章质夫帖》云：'公会用香药卓，皆珍物，为番商坐贾之苦。'今公宴以香药别卓为盛礼，私家亦用之。"这算是古人的考证牙盘举证比较详细的一则，虽然于牙盘的形制尚未能考证清楚。

"唐少府监御馔器用"云云，语出唐卢言所作《卢氏杂说》，《太平广记》卷二三四录其说云："御厨进馔，凡器用有少府监进者，用九饤食，以牙盘九枚装食味于其间，置上前，亦谓之看食。"牙盘里盛放的食品，类似于先秦的笾豆之实，即用于供陈的干果之属，唐宋时代则为果品面点之类。《旧唐书》卷一〇五《韦坚传》云，韦坚引水抵望春楼

---

[1] 如伯·三五五六《施舍疏》"六尺牙盘壹面"；又伯·四六二四《唐大中七年（公元八五三年）八月廿六日邓荣施入疏》"牙盘子一"。

下为潭，令诸郡载土产来，天宝二年玄宗幸望春楼观新潭，"坚跪上诸郡轻货，又上百牙盘食"。又南唐尉迟偓《中朝故事》卷上曰，僖宗时，田令孜秉政，"每入对扬，皆自备两牙盘果食，便对御前，从容良久而退"。所谓"牙盘食"、"牙盘果食"，都是这一类。

牙盘食又称饤饾，因它是把各色各味在盘中堆耸得齐整而有娱目之效。韩愈《南山诗》"或如临食案，肴核纷饾饤"，即用《诗·小雅·宾之初筵》"笾豆有楚，肴核维旅"之典，而谓食案饾饤纷陈如笾豆食。敦煌文书《俗务要名林》（斯·六一七）之"聚会部"首先举出的两个名称便是"铺设"与"饾饤"[1]；同名之又一本，其中也有列在一起的"筵席，饤饾，盘馔"（伯·三六四四）。可见并非只是御馔，筵席铺设饾饤，当日的普遍习俗都是如此。

两宋沿用此俗，并且"牙盘食"差不多成为一个固定的名称。《通雅》引高似孙言，语出高氏所著《纬略》卷四。所谓"薄饵甘脆"，自是面点。这里说的"奉祀攒陵"，则所分到的牙盘食乃是祀陵的供陈之物。《建炎以来朝野杂记·甲集》卷二"太庙景灵宫天章阁钦先殿诸陵上宫祀式"条曰，"太庙之祭以俎豆，景灵宫用牙盘，而天章阁等以常馔"。祀陵用牙盘食，始自唐代。《续资治通鉴长编》卷九记开宝元年事云，太祖入太庙，"见其所陈笾豆簠簋，问曰：'此何等物也？'左右以礼器对。上曰：'吾祖宗宁识此！'亟命撤去，进常膳如平生。既而曰：'古礼亦不可废也。'命复设之。于是判太常寺和岘言：唐天宝中享太庙，礼料外每室加常食一牙盘，五代遂废其礼。今请如唐故事。诏自今亲享庙，别设牙盘食，禘、祫、时享，皆同之"[2]。这里说到的"常食"，

---

[1] "饤"，原作"飣"，其下用反切注音云："丁豆反"。饾饤本亦作饤飣，慧琳《一切经音义》卷五六"杂饤"条："江南呼饤食为饤飣，经文作奠，徒见反。奠，置也，献也。飣音豆也。"

[2] 《旧唐书》卷一七一《李渤传》记渤为崔发申述云："郊礼前一日，两神策军于青城内夺京兆府进食牙盘，不时处置，致有殴击崔发之事。"按此事在唐敬宗宝历元年，而云"郊礼"，则设牙盘食又不仅止于享庙。

是与古之"礼馔"或曰"礼料"相对言,即当时人的所谓"今世之食"[1]。

曰"牙盘,看食盘也",固然不错,然而为什么"看卓,一名香药卓"呢,方氏所引见《鼠璞》卷上,原作:"坡公《与章质夫帖》云:'公会用香药,皆珍物,极为番商坐贾之苦。盖近世造此例,若奏罢之,于阴德非小补。'予考坡仙以绍圣元年抵五羊,窠为帅。广通舶出香药,时好事者创此,他处未必然也。今公宴香药别卓为盛礼,私家亦用之。作俑不可不谨。"《鼠璞》作者为宋人戴埴。东坡所云广州宴会设香药之所谓"香药",应是舶来品中各种珍异之物的泛称。而戴氏云公私宴中以设香药别卓为礼之盛者,却也许另有来源。《唐会要》卷二十一"缘陵礼物"云,大历十五年五月,"殿中省奏:尚食局供景陵千味食数,内鱼肉委食,味皆肥鲜,掩埋之后,熏蒸颇极。今请移鱼肉食于下宫,以时进飨,仍令上药局据数以香药代之。勅脯醢猪犊肉等,皆宜以香药代"。《清异录》卷下"夺真盘饤"条:"显德元年,周祖创造供荐之物,世宗以外姓继统,凡百务从崇厚,灵前看果,雕香为之,承以黄金,起突叠格,禁中谓之夺真盘饤。"看卓一名香药卓,或是从唐五代故事衍生而来。

二 牙盘形制之一:所谓"连蹄"

关于牙盘的形制,《通雅》举出的几种说法,即所谓"以牙饰盘";"牙盘,谓其色白";"牙列在前,谓之牙盘",可以说都是望文生义的推测,皆非其形制之实。

---

[1] 《宋史》卷一〇八《吉礼十一》:"元祐七年,诏复用牙盘食。旧制,并于礼馔外设,元丰中罢之,礼官吕希纯建议曰:'先王之祭,皆备上古、中古及今世之食。所设礼馔,即上古、中古之食,牙盘常食,即今世之食。议者乃以为宗庙牙盘原于秦、汉陵寝上食,殊不知三代以来,自备古今之食。请依祖宗旧制,荐一牙盘。"

今作考证，途径有二，第一是敦煌壁画，这自然是最为直接的证据，可以算作本证。第二是日本正仓院的收藏。此中宝藏的奈良时代的古物，得自中土者居多，也有一部分是当地工匠依仿唐风而制作，因可作为比较可靠的旁证。

据敦煌文书点检历所述，牙盘大致有两种，其一有脚，其一有连蹄。那么何谓连蹄、何谓脚呢，不妨先来考校与"连蹄"有关的牙床。

牙床之名也见于点检历，并且可以日本正仓院北仓所藏木画紫檀棋局与文献互证，说已见前节。

证据之二：唐南卓《羯鼓录》云羯鼓之演奏，乃"下以小牙床承之，击用两杖"。索敦煌壁画中的图例，有莫高窟第五十五窟东壁的一幅乐舞图，图绘一面羯鼓坐在下有壶门座的小台子上[1]〔20·1〕。出自内蒙古通辽市科左后旗吐尔基山辽墓的银鎏金嵌宝包镶漆奁匣，匣盖内里錾宴饮图，下首宝相花的毡毯上是一队方在演奏的伎乐，所奏者乃以下承牙床的羯鼓为中心〔20·2〕，墓葬时代为辽早期。由甘肃天水出土北宋彩绘砖雕，这一情形也可以见得十分清楚〔20·3〕。以此与南卓的说法相对照，那么这一具承托羯鼓的小台子为"小牙床"，应无疑义。虽然后两例分别为辽和宋，不过应该说表现的仍是唐代样式。北宋末年陈旸作《乐书》，卷一二七"羯鼓下"绘有羯鼓图，承鼓之座已与南卓之说不符。

唐五代佛座中，最常见的自然是上下以仰覆莲花为装饰的须弥座，不过除此之外，佛座中是否还有壶门座式的所谓"牙床"呢，答案是肯定的。可举莫高窟第一五六窟南壁东侧金刚经变为例。图绘释迦牟尼结跏趺坐于正中的莲座上为大众说法，承托莲座的是一个下连带托泥之壶门座的六角台[2]〔21〕。又莫高窟第一○○窟（五代）窟顶四隅四大天王的坐具[3]〔22〕、

---

1 王克芬《敦煌石窟全集·17·舞蹈画卷》，图一三〇，商务印书馆（香港）有限公司二〇〇一年。
2 李月伯《莫高窟第一五六窟附第一六一窟》（晚唐），图一二七，江苏美术出版社一九九五年。
3 罗华庆《敦煌石窟全集·2·尊像画卷》，图二三八至二四一，商务印书馆（香港）有限公司二〇〇二年。

20·1 牙床 莫高窟第五十五窟东壁壁画

20·2 牙床 吐尔基山辽墓出土漆奁匣盖内局部

20·3 牙床 甘肃天水出土北宋彩绘砖雕

21　牙床　莫高窟第一五六窟南壁壁画

22　北方天王　莫高窟第一〇〇窟窟顶西北角壁画

杭州雷峰塔塔基地宫出土唐五代铜鎏金佛坐像之托座,也都是相同的类型〔23〕。不必说,三例中的托座,便都是牙床之属。

于是可知牙床的基本样式便是上有承物的面板,下连上沿及器足做出花牙子、底有托泥的壶门座。而唐代的床,概念原很宽泛,凡上有面板、下有足撑者,不论置物、坐人,或用来睡卧,都可以名之曰床[1]。

现在问题已经变得简单明了,——这种样式的床在敦煌壁画里是

---

[1] 相关考证,见扬之水《终朝采蓝·唐宋时代的床和桌》,生活·读书·新知三联书店二〇〇八年。

23 铜坐佛及局部
杭州雷峰塔出土

24 牙床 榆林窟第二十五窟
北壁壁画

最为常见的。佛座之外，它还有着更广泛的用途，即可坐，可卧，也可用来置物。如榆林第二十五窟北壁弥勒经变中的剃度图，牙床上面置净瓶、水碗、袈裟并函子，此即所谓"大牙床"，壁画时代为中唐[1]〔24〕。又莫高窟第九窟北披善财童子五十三参之幅，图绘一具长方床，上面放置瓶、盒等物，下为壸门座，此则牙床之小者，其时代为晚唐。

---

1 段文杰《敦煌石窟艺术·榆林窟第二五窟附第一五窟》（中唐），图三七，江苏美术出版社一九九三年。

牙床与牙盘　169

25　牙床　莫高窟第九窟主室北披壁画 　　　　　26　牙床　莫高窟第八十五窟南壁屏风画

27　桧木八角长几　正仓院藏

又莫高窟第八十五窟南壁下方屏风画劳度叉升座说偈之幅，所坐之具便又是坐人的牙床[1]〔25~26〕。

牙床实物可举东瀛古物遗存为例。正仓院的中仓藏有各式名曰"献物台"的木几，其中若干件为花式面板而下连"牙床脚"亦即壸门座的木几。如一件"桧木八角长几"，长94.3厘米，宽50.3厘米〔27〕；一件"桧木彩绘长方几"，长82.8厘米，宽53.4厘米〔28〕；又一件"苏芳地六角几"，长径52厘米，高12.3厘米[2]〔29〕。这是尺寸比较大的几件。

1　梁尉英《莫高窟第九窟、第一二窟》(晚唐)，图四五，江苏美术出版社一九九四年；王进玉《敦煌石窟全集·23·科学技术画卷》，图九九，商务印书馆(香港)有限公司二〇〇一年。
2　以上三例分别见于《正仓院展》第四十八回、第三十六回、第四十六回，奈良博物馆一九九六年、一九八三年、一九九四年。

28　桧木彩绘长方几　正仓院藏

29　苏芳地六角几　正仓院藏

后者的桧木面板和托泥用苏芳染作暗红色，牙脚则以彩绘和贴金箔的方式作成玳瑁纹，面板的侧缘装了六个小银环。面板上面有残存的墨书，即"（七茎）金铜花（座）（天平胜宝四）年四月九日"。可知它原是用作承托七茎金铜花。所谓"献物台"，与唐代置物之床的用途约略相当。以前面举出的木画紫檀棋局为例，这三件下连壶门座的献物台都可以名作"牙床"。牙床在佛经中又称作文蹄脚床，《善见律毗婆沙》卷十五曰"床有四种"，其中一种为"文蹄脚"，"文蹄脚床者，桫与脚相连成也"[1]。

牙床的形制既可确定，牙盘的式样之一便可以从点检历极简的记述中推导出来：壶门座中作为支撑的足称作"牙脚"，作为底端系连座足

---

[1]《大正藏》第二十四卷，页781。

牙床与牙盘

30 莫高窟第一四八窟东壁壁画

的托泥,则是另外做出来的一个部件,——实物如此,图画所绘,通常也是把它表现为别一种颜色。它与足乃是榫卯相接,而如果去掉托泥,牙脚便成为蹄足,那么把点检历中的牙盘之"连蹄"理解为系连足座的托泥,应该是合理的。如此,点检历所谓"五尺花牙盘壹,无连蹄",便是这一件下有壸门座的牙盘其座底失了托泥。反之,完整之器的式样便同于牙床,不过面板微凹如盘而已。而在敦煌壁画中也正有这样的图例。如时属盛唐的莫高窟第一四八窟东壁北侧药师经变中,药师琉璃光佛居中,其莲花台前的香案上一具香炉,左右一对盛放香料的香宝子,宝子下面各有下连壸门座的圆台,圆台面板略有浅凹[1]〔30〕。按照前面的推论,这一对承托供养具的圆台,可以说便是点检历中的牙盘。

在敦煌之外的唐五代绘画中还可以找到更多的图例。如唐李重润墓后室东壁北铺侍女图,图中一位侧身的女子手捧一具下连壸门座的黑漆方盘[2]〔31〕,《唐咸通十四年(八七三)正月四日沙州某寺交割常住物点

---

1 《敦煌石窟全集·23·科学技术画卷》,图一四九。
2 陕西省博物馆等《唐李重润墓壁画》,图三七,文物出版社一九七四年。

31 唐李重润墓后室
东壁北铺侍女图局部

32 唐昭陵新城公主墓三过洞东壁侍女图局部

检历》中列出的"小方牙盘",或即此类,虽然墓葬的年代为初唐。又唐昭陵新城公主墓三过洞东壁中间的一幅侍女图,女子左手托果盘,盘下连着的壸门座依稀可辨[1]〔32〕。陕西彬县五代冯晖墓墓室南壁东侧一幅残存的壁画,图绘帐幔下一具长案,案上放着碗、注碗等,贴着案边又有一个

---

1 昭陵博物馆《昭陵唐墓壁画》,图二九,文物出版社二〇〇六年。

牙床与牙盘　173

33　五代冯晖墓墓室南壁东侧壁画

34·1　越窑青瓷牙盘　临安康陵出土

下连壸门座的浅盘，盘中放着各色果品[1]〔33〕。这些当然也都是牙盘。

至于这一类型的牙盘实物，今每被称作"套盒"或"屉式盒"，多为五代和辽代瓷器，如杭州临安五代天福四年马氏王后康陵出土的一组数件越窑青瓷委角方盘，盘与壸门式座均做成委角，分制而烧结为一体，高6.7厘米，口径13.8厘米〔34〕。使用的时候它自然是分别陈设，闲置时则不妨套叠。形制相近者也见于杭州凤凰山五代天福七年钱元瓘墓[2]〔35·1〕、苏州吴中七子山五代一号墓[3]〔35·2〕。出自印尼井里汶沉船的五代越窑牙盘为四曲花口[4]，陕西铜川黄堡镇耀州窑遗址出土青釉划花牙盘为多曲花口〔36〕。又赤峰市翁牛特旗解放营子辽墓出土的黄釉

1　咸阳市文物考古研究所《五代冯晖墓》，图五九，重庆出版社二〇〇一年。
2　浙江省博物馆《浙江纪年瓷》，图一九三，文物出版社二〇〇〇年。
3　国家文物局《中国文物精华大辞典·陶瓷卷》，图二六二，上海辞书出版社等一九九五年。按图版说明称作"越窑屉式盒"。
4　此为实地考察所见。

34·2 越窑青瓷牙盘 临安康陵出土

35·1 越窑青瓷牙盘
杭州凤凰山五代天福七年钱元瓘墓出土

35·2 越窑青瓷牙盘
苏州吴中七子山五代一号墓出土

36·1 青釉划花牙盘
陕西铜川耀州窑遗址出土

36·2 青釉划花牙盘
陕西铜川耀州窑遗址出土

四曲长盘，也是牙盘〔37〕。后者的使用，也正见于辽墓壁画[1]〔38〕。把这一类委角方盘或所谓"套盒"与"屉式盒"定名为"牙盘"，应该是不错的。前引点检历中登录的"小方牙盘"，此类青瓷盘可作为一个参考样式，只是当日敦煌使用的各种牙盘多为木制品。

三　牙盘形制之二：所谓"脚"

牙盘之又一式，是盘下有脚。点检历中登录的"无脚"亦即失了脚的牙盘，当然原本是有脚的，此所谓"脚"，便是盘底的三足或多足。如前所述，底端带托泥的牙盘如果没有了托泥，牙脚便成了蹄足。敦煌文书伯·三六三八登录有"牙脚大新火炉壹"，而以唐代最常见的三足或五足陶火炉、铁或铜火炉为参照，可以认为此"牙脚"应即蹄足。

三足以及多足木盘原是西北地区流行很久的用具，如新疆洛浦山普拉汉晋墓地四十九号墓出土的一件内置羊骨的木盘，高14.7厘米，口径31.5厘米，缘边起沿，即所谓"唇"，盘底三个蹄足[2]〔39〕。又同为汉晋时代的尉犁营盘墓地出土一件椭圆形四足木盘，长径38.4厘米，高13厘米，足为束腰方柱式，与盘榫卯相接[3]〔40〕。

出现在敦煌壁画中的三足或多足盘乃是这一类器具的延续。它既是常见的一种佛前供养具，同时也是日常生活中的用具。前者可以莫高窟第一四八窟西壁涅槃经变中的纯陀供养之幅为例，时代为盛唐〔41〕；

---

[1] 如赤峰市敖汉旗四家子镇北羊山辽墓壁画；如宣化辽墓第七号墓前室东壁壁画，后例见河北省文物研究所《宣化辽墓——一九七四年至一九九三年考古发掘报告》，彩版二六，文物出版社二〇〇一年。
[2] 新疆维吾尔自治区博物馆《中国新疆山普拉：古代于阗文明的揭示与研究》，页107，图一三九，新疆人民出版社二〇〇一年。
[3] 新疆维吾尔自治区文物事业管理局等《新疆文物古迹大观》，页198，新疆美术摄影出版社一九九九年；新疆文物考古研究所《新疆尉犁县因半古墓调查》，页22，《文物》一九九四年第十期。

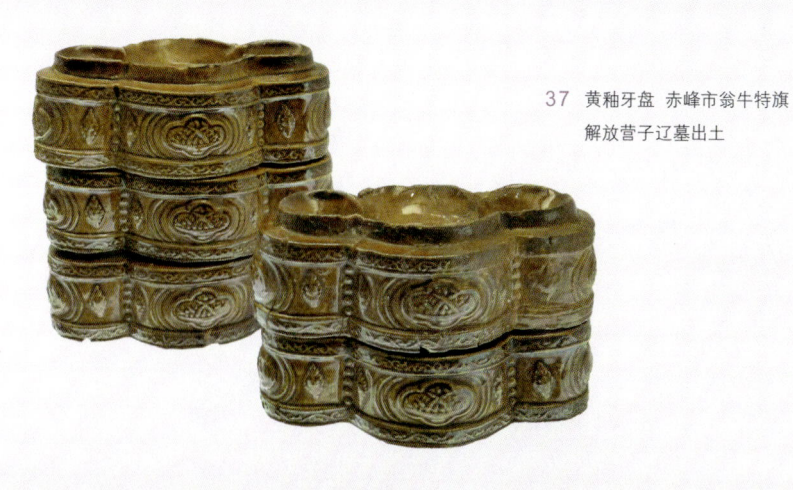

37 黄釉牙盘 赤峰市翁牛特旗
解放营子辽墓出土

38·1 敖汉旗四家子镇北羊山辽墓壁画

38·2 宣化辽墓七号墓壁画

39 三足木盘 山普拉墓地出土

40 四足木盘 尉犁营盘墓地出土

41 莫高窟第一四八窟
西壁壁画及局部

后者可以莫高窟第一五六窟窟顶西披弥勒经变中的田间用餐之幅为例，壁画时代为晚唐[1]〔42〕。

实物的例子，仍可举以东瀛的古物遗存。正仓院南仓藏一件贴金彩

---

1 贺世哲《敦煌石窟全集·7·法华经画卷》，图一四七，商务印书馆（香港）有限公司等一九九九年；《莫高窟第一五六窟附第一六一窟》（晚唐），图八九。

42　莫高窟第一五六窟窟顶西披壁画

43　贴金彩绘漆彩绘花漆盘　正仓院藏

绘花漆盘，长 29 厘米，宽 27 厘米，中心一朵柿蒂形花，四角围绕三瓣花，五花相连而各成一个小小的浅盘。盘心整个涂朱，盘底黑漆地子上彩绘各式花卉，复缘口沿贴饰一周金箔。底端四个花足为铁制，高 2.9 厘米，表面鎏金[1]〔43〕。

---

1 《正仓院宝物·特别展》，图一〇九，东京国立博物馆一九八一年。

牙床与牙盘　179

44　三彩花牙盘　中国国家博物馆藏

　　从点检历对牙盘的形容以及登录物品的体例来看，所谓白牙盘、黑牙盘、绿净牙盘，等等，应该都是木制品。点检历所列又有"花牙盘"，正仓院所藏贴金彩绘花漆盘，或可作为它的参考样式。敦煌寺院中的牙盘有的还另外做出很浅的口沿亦即"唇"，即如前举山普拉墓地所出三足木盘，点检历中因有"无唇牙盘"，由此也可见得它是木制。

　　当然在实际生活中也还有其他质地的制品，如中国国家博物馆藏三彩花牙盘[1]〔44〕，如甘肃肃南县西水乡大长岭唐吐蕃墓出土铜鎏金折足盘[2]〔45〕。盘通高19.5厘米，盘径29.5厘米。菱花形的宽折沿，盘心很浅，盘底焊接三足。足分两截，系以子母扣套合，然后用销钉穿连，使足可内折。讲究者更有银盘。如西安市东郊八府庄出土的狮纹三足金花银盘，高6.7厘米，盘径40厘米[3]〔46〕。又河北宽城大野鸡峪村出土的鹿纹菱花口三足金花银盘，通高10厘米，盘径50厘米。与它式样相同而尺寸更大的一件为日本正仓院藏鹿纹菱花口三足金花银盘，盘径61.5厘米，通高13.2厘米〔47〕。盘里侧有两条錾文，其一："宇字号二尺盘一面重一百五两四钱半。"其一："东大寺花盘重大六斤八两。"研究者推测"宇

1　郑州市文物考古研究所《河南唐三彩与唐青花》，图一三六，科学出版社二〇〇六年。
2　甘肃省文物局《甘肃文物菁华》，图三二六，文物出版社二〇〇六年。
3　镇江市博物馆等《唐代金银器》，图一一四，文物出版社一九八五年。

45 铜鎏金折足盘
　　肃南县西水乡唐吐蕃墓出土

46 狮纹三足金花银盘
　　西安市东郊八府庄出土

47 鹿纹菱花口三足金花银盘
　　正仓院藏

字号"云云出自唐王朝,"东大寺"云云则为输入东瀛后的补刻。缘边一周璎珞流苏也是后来所添加的缀饰[1]。

这一类多足盘的用途在唐代绘画中也表现得很明确,如唐昭陵的房

---

1 《正仓院宝物·特别展》,图一〇四之说明。

牙床与牙盘　181

48　陕西富平唐房陵公主墓前室东壁侍女图

49　《高逸图》局部　上海博物馆藏

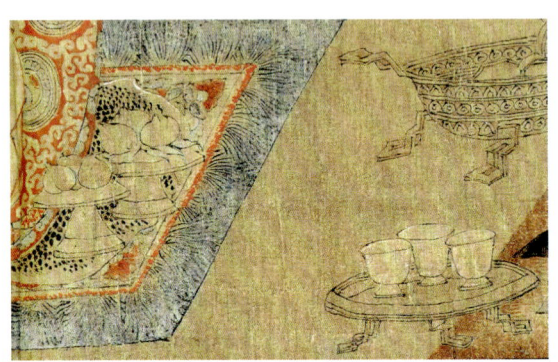

陵公主墓前室东壁北侧的一幅侍女图,图中一位着石榴裙的侍女手持多足盘,浅浅的盘心里放着两色瓜果。从人与物的大致比例来看,盘径当在五十厘米左右[1]〔48〕。又如上海博物馆藏晚唐孙位的《高逸图》,其中的一组画面是两人对坐饮酒,中间一具三足酒樽,樽中有长柄勺,樽旁一具三足盘,盘中置酒杯,其中一人面前设两具放着果品的豆式高足盘〔49〕。有意思的是,牙盘居中,几人围坐共食的情景,也见于正仓院藏品,即南仓所藏木画紫檀琵琶的捍拨画,它与前举莫高窟第一五六窟的田间用餐之幅差不多是同样的图式[2]〔50〕。《太平广记》卷二八一"独孤遐叔"一则曰:贞元中,遐叔梦夫役数人在庭中布设筵席,"持床、席、

1　张鸿修《中国唐墓壁画集》,图五三,岭南美术出版社一九九五年。
2　《正仓院展·第四十八回》,图六九,奈良博物馆一九九六年。

50　紫檀木画槽琵琶捍拨红外线写真

牙盘、蜡炬之类，及酒具、乐器"。这里的"床"，当指食床；牙盘，似即这一种类型的三足或多足盘。

牙盘，也可以说是从上古时代一直保留下来的一种器具形态。席坐时代，器多有足，有的是器与足连为一体，有的是把座作为另外的承托之具。牙盘仍保留了这一传统，——既可直接置物，也可用作承托他器。唐代称为"盘"的器具，一般来说盘心都是很浅的[1]，牙盘亦如是。那么自然很适用。作为承托之器不必说，作为筵席之"饤饾"，它可以很大，却无须盛放太多而已经显得丰满。

从敦煌壁画以及之外的不少唐代宴饮图中都可以看到，食案仍然很矮，与食案搭配的或是坐墩，或是长凳。这时候虽然桌椅已经出现，但一桌一椅的配置还没有完成。而高桌和椅子的固定组合，成为普遍风气要到北宋中晚期。食案上面的各种器具自然都要适应这种情况。

---

[1] 《羯鼓录》：嗣曹王皋有巧思，精于器用，曾有士人献羯鼓之桊，他人不识其好，皋独识其"刚匀"，遂验于众人之前，因"命取食桦，自选其极平者，遂置二桊于桦心，以油注之桊中，桊满而油不浸漏，盖相契无际也"。食桦，即食盘。桊便是羯鼓两端的金属箍。此则纪事固可见出桊的刚匀平整，但它可以贴紧盘心而使油不能浸漏其间，则也可见盘心之大、之平。

牙床与牙盘　183

51　莫高窟第二三六窟东壁壁画

其中的盘类，最常见的有三种，一是器有喇叭形高足，一是器下连壶门座，一是有脚亦即兽蹄足。按照敦煌文书点检历中的名称，第二、三两式，牙盘也。第一式则为"擎盘"，或作"竞盘"，如斯·一六四二中的"赤心擎盘"[1]，"竞"应是"擎"的别写。同件登录之物又有"漆擎子脚贰"，则即擎盘下的喇叭形高足。前举《高逸图》中的高足豆式盘即其式样之一，而它在敦煌壁画中更是常见，如莫高窟第二三六窟东壁的斋僧图，时代为中唐[2]〔51〕。擎盘的渊源应是高足豆。它的用途与牙盘大体相同，就敦煌壁画所见而言，擎盘的使用似乎更为普遍。

牙盘在敦煌寺院大约有两种主要用途，一是作为常设的承托供养具，即如前面举出的图例。一是筵席用具。如伯·二七六九《某寺上座为设日临近转贴》：今月廿五日僧家设，次着当寺沙弥愿林等，"设日临近，各着牙盘壹面，兼樽、槛、楪子"，于廿五日卯时在城东园头齐集[3]。这里的槛，即食盒。一年四时，僧、俗的各种年节庆典，属于释家

1　斯·一七七六有"赤心竞盘"。
2　谭蝉雪《敦煌石窟全集·25·民俗画卷》，图一八〇，商务印书馆（香港）有限公司一九九九年。
3　又伯·三二三一《癸酉年九月卅日平康乡官斋籍》"送盘、牙盘并食丹（单）张全子、张灰儿"。

的二月八，四月八，七月十五，十月十五，又腊八的解斋以及春秋官斋等等不必说，世俗的各种节日，在敦煌也几乎都是僧俗共举[1]。寺院设香馔席，自然也多要用到各式牙盘，此所以它为寺院所常备。

四　两宋牙盘

唐式牙盘在两宋时代的使用依然延续，虽然已经不是很普遍。用途主要有二，一是仍为供养具，一是用于祭祀[2]。后者已如前述。那么宋代的牙盘形制是怎样的呢，以唐代式样为参考，这一问题不难明辨，虽然二者有一个很大的不同，即这时候多是使用瓷器。

样式之一：故宫藏一件"耀州窑青釉镂空八佛八方供器"[3]〔52〕，高19厘米，口径19.5厘米，足径23厘米。器面为一浅盘，下连作出八个开光的壸门座，开光里各雕一个小坐佛。另有与此相似的一件，为北京市文物商店藏"宋钧窑镂空堆塑佛像供器"[4]〔53〕。又洛阳市机瓦厂出土一件"定窑八角镂雕兽首洗"[5]〔54〕，高5.2厘米，外径16.5厘米，缘边装饰竹节纹，八个开光里各有一个口衔响铃的兽头。

1　详细的叙述，见郝春文《唐后期五代宋初敦煌僧尼的社会生活》，中国社会科学出版社一九九八年；谭蝉雪《敦煌民俗》，甘肃教育出版社二〇〇六年。
2　如王明清《玉照新志》卷二引李长民《广汴都赋》"牙盘或荐，玉馔惟充"，此赋祖庙之享献也；又梅尧臣《宛陵集》卷二二《次韵景彝奉慈庙孟秋摄事二十韵》"木主升新座，牙盘列庶羞"，此祀仁宗曹皇后也。至于黄庭坚《戏答晁深道乞消梅二首》"蒸豆作乌盐作白，属闻丹杏荐牙盘"（任渊《山谷诗集注》卷一一"牙盘"句下之注即引《卢氏杂说》），韩元吉《雪中从胡怀正乞酒》"璇题散冰筯，晶盐贮牙盘"（《全宋诗》，册三八，页23605），则只是在果盘的意义上使用它。
3　李辉柄《故宫博物院藏文物珍品大系·两宋瓷器》（上），图九六，上海科学技术出版社等二〇〇二年。
4　华义武《宋钧窑镂空堆塑佛像供器》，页96，《文物》一九八七年第一期。按以上两例承学友郭学雷提示，特此申谢。
5　孙英民《河南博物院：精品与陈列》，图七一，大象出版社二〇〇〇年。

52　耀州窑八角牙盘　故宫博物院藏 　　　　　53　钧窑八角牙盘　北京市文物商店藏

54　定窑八角牙盘　洛阳市机瓦厂出土 　　　　55　青釉牙盘　杭州老虎洞窑址出土

　　样式之二：杭州老虎洞窑址出土一批青釉"套盒"，高在九厘米上下，口径在十七至十八厘米之间[1]〔55〕。所谓"套盒"，大约意在它一器而兼二用，即本身是盒，但直壁中空，因此又是盖。其实换一个角度看，此器只是连座盘而已，当然闲置时也不妨迭置。由前面举出的五代青釉小方牙盘，正可见出二者样式的类同。

　　样式之三：器也出在杭州老虎洞窑址，而名作"夹层碗"。高在三、四厘米之间，口径十三至十四厘米[2]〔56〕。所谓"碗"，其实器心平浅如盘；所谓"夹层"，实即一个做成碗形的空心座。

　　以唐五代牙盘为比照，样式之一举出的三个例子均为牙盘，可以一

1　杜正贤《杭州老虎洞窑址瓷器精选》，图四八至五二，文物出版社二〇〇二年。按图四九高 8.8 厘米，口径 17.2 厘米。
2　《杭州老虎洞窑址瓷器精选》，图四四至四七。图四四高 9.5 厘米，口径 24.9 厘米；图四六高 3.9 厘米，口径 13.2 厘米。

56　青釉牙盘　老虎洞窑址出土

目了然。这一类应是作为供养具的牙盘。再把"套盒"与"夹层碗"与之相对看,类型的一致也很明显。而这两种样式应该都是作为祭祀用具的牙盘。老虎洞窑址被认为是南宋"内窑",亦即修内司官窑,当日专用来烧造宫廷用瓷[1]。两宋祀典,享庙别设牙盘食,说已见前,官窑烧造这一类他处不多见的牙盘,自是顺理成章。

五　余论

唐代作为生活用具的牙盘,即食案上面的饤饾看盘,在高坐具的时代依然流行不衰,惟盘的式样已与平常之器无别。第一节引方以智说牙盘,所谓"《演繁露》曰"云云,乃出该书卷二,原作:"唐少府监御馔器用:'九饤食,以牙盘九枚装食味于上,置上前,亦谓之看食。'据此即是以牙饰盘矣。问之今世上食,止是髹盘,亦不饰牙。"所谓"止是髹盘,亦不饰牙",即平常式样的漆盘而已。作者程大昌以精于考据

---

1 《杭州老虎洞窑址瓷器精选》,页15。

牙床与牙盘　187

57 《文会图》局部 台北故宫博物院藏

著称,却对沿用旧称而式非旧制的牙盘不能明了,可见一般。

这一类牙盘,宋人多以"看盘"为称,盘中所置也仍以果品为主,这里的"看",固然本义是款待,不过看盘中的果品大约更在于娱目。宋张师正《倦游杂录》:"木馒头,京师亦有之,谓之无花果。状类小梨,中空。既熟,色微红,味颇甘酸,食之大发瘴,岭南尤多,州郡待客,多取为茶床高饤,故云:公筵多饤木馒头。"筵席"高饤",即看果之属,宋人画作中也常常绘出,如台北故宫博物院藏宋徽宗《文会图》。图中席面铺设的正是所谓"珠花看果"[1][57],当然使用的已经不是唐式牙盘。

[初刊于《传统中国研究集刊》第三辑(二〇〇七年),题作《敦煌文献什物历器物丛考》(者舌考,牙盘考)]

---

1 《梦粱录》卷三:四月,度宗初九日圣节,"翰林司排办供御茶床上珠花看果"。

从礼物案到都丞盘

一　书案·牙盘·礼物案

"礼物案"的名称，见于《元史》卷七十九《舆服志二》"仪仗"一项，所列有香案、诏案、册案、宝案、表案等，"礼物案"，其一焉。《志》文述诸案之形制及案上之布置曰，"香案，朱漆案，绯罗销金云龙案衣"；"诏案，制如香案。册案，制如前。宝案，制如前。表案，制如香案，上加矮阑，金涂铁鞠四，竿二副之，绯罗销金蒙複"；"礼物案，制如表案"。诏案、册案、宝案，为天子举行册立仪式时摆放诏书、册表和御玺之用，表案和礼物案则用于摆放群臣表章和朝觐者的礼物贡献。此实沿用旧制。诏案、册案便如见于《通典·开元礼纂类》中的"制书案"，表案则犹彼之"答表案"[1]。而其源，犹可上溯至两汉魏晋南北朝，即当时流行的书案。《太平御览》卷七一〇引李尤《书案铭》："居则致乐，承颜接宾。承奉奏记，通达谒刺。尊上答下，道合仁义。"关于书案的用途，这里表述得很明确。又《艺文类聚》卷六十九引梁简文帝《书案铭》："刻香镂彩，纤银卷足。照色黄金，迴花青玉。漆华映紫，画制舒绿。性广知平，文雕非曲。厕质锦帷，承芳绮缛。敬客礼贤，恭思俨束。"亦以器的形制和用途而巧借双关曲尽形容。《汉书》卷七十七《郑崇传》曰哀帝欲封傅太后从弟商，郑崇切谏，"因持诏书案起"，李奇注："持当受诏书案起也。"书案如此使用的情景，在河北望都东汉墓壁画[2]、成都曾家包东汉画像石[3]，又安徽马鞍山三国吴朱然墓所出彩绘漆

1　见《通典》卷一二二《开元礼纂类》"皇帝纳后礼"。
2　北京历史博物馆等《望都汉墓壁画》，图版七、二七，中国古典艺术出版社一九五五年。
3　成都市文物管理处《四川成都曾家包东汉画像砖石墓》，图版四，《文物》一九八一年第十期。

1　宴乐图漆案局部
　　安徽马鞍山朱然墓出土

案中都可以看到¹〔1〕。望都壁画榜题曰"侍阁"², 朱然墓漆案榜题曰"黄门侍", 均点明奉案者的身分。《后汉书》卷十《刘玄传》云其宠姬韩夫人尤嗜酒,"每侍饮, 见常侍奏事, 辄怒曰:'帝方对我饮, 正用此时持事来乎。'起抵破书案"。抵, 注云:"击也。"宴饮奏事, 由朱然墓漆案的一支绘笔, 很可见情节场面的微至, 适可为相去不远的前朝故事作注。以兼"承卷奏记, 通达谒刺"之用, 书案又有奏案之称。《太平御览》卷七一〇引陆云与兄书:"按行曹公器物, 有奏按五枚。"《三国志》卷五十四《吴书·周瑜传》裴注引《江表传》:"(孙)权拔刀斫前奏案曰:'诸将吏将复有言当迎(曹)操者, 与此案同!'"又《东宫旧事》曰:"皇太子妃初拜, 有漆金渡足奏案一枚。"虽只是举出名称, 但我们从图

1　马鞍山市文物管理所等《马鞍山文物聚珍》, 页77, 文物出版社二〇〇六年。
2　《汉官仪》:"诸吏初除谒视事, 问君侯应阁奴, 名白事, 以方尺板叩阁, 大呼奴名。"此言丞相府制度, 而郡县与之略同。《续汉书·舆服志》曰公卿以下至县三百石长,"铃下、侍阁、门兰、部署、街里走卒, 皆有程品, 多少随所典领"。

从礼物案到都承盘　191

2 粉地彩绘长方几 正仓院藏

3 桧长几 正仓院藏

像中已可见得分明。铜鎏金包案脚是漆木案的一种讲究作法，所谓"漆金渡足"，即此。《通典》所记唐代的"制书案"和"答表案"，与此前的书案自是一脉相承，不论形制与用途。

"礼物案"之名虽见于文献较书案和奏案为晚，不过用作置放朝觐者礼物贡献的器具，至少在唐代已经使用得很普遍。日本正仓院的藏品中有一批称作"献物几"和"献物箱"的木器，原初多为东大寺承托供奉之物的器具。尺寸都不大，而造型别致，妆点精细，纹样或彩绘，或金银泥绘，献物几则每配以锦褥。如中仓的"粉地彩绘长方几"〔2〕、"碧地彩绘几"、"桧长几"〔3〕，又一件"苏芳地金银绘箱"〔4〕。后者最称名品。箱高8.6厘米，长30.3厘米，宽21.2厘米，盖表暗红色的地子上，金银泥绘花心上的一个舞人和花下击鼓与吹奏觱栗的一对伎乐，器底下接一个壸门座亦即牙床，边缘处墨书"东小塔"三个字[1]。中仓所藏尚有一件"笼箱"，长48.3厘米，宽23.3厘米，高11.8厘米，下方也是一个牙床座[2]〔5〕。诸器虽未必唐物，但展现了唐风却是不错的。台北故宫

---

1 《正仓院展·第六十回》，图二〇至二二、图一七，奈良博物馆二〇〇八年。
2 《正仓院展·第五十二回》，图六八，奈良博物馆二〇〇〇年。

4·1 苏芳地金银绘箱 正仓院藏 　　　　4·2 苏芳地金银绘箱（侧面） 正仓院藏

5 "笼箱" 正仓院藏

6 《职贡图》局部 台北故宫博物院藏

博物院藏一幅传阎立本《职贡图》，图中一对荷担者，肩抬将欲献纳的一只鹦鹉，鹦鹉笼子的式样与正仓院藏"献物几"以及"笼箱"颇为一致〔6〕。

下为牙床座的承托供养物之器，亦即敦煌文书寺院什物历中的所谓"牙盘"，颇见于敦煌壁画，如前篇《牙床与牙盘》所举。不过另有格外引人注意的一种，便是莫高窟晚唐第一九六窟甬道南北壁分别

从礼物案到都丞盘　193

绘出两身供养人像的手奉之器〔7〕，两器式样无别，底端的牙床座也与正仓院藏诸器相同，都可以算作牙盘一类，而形制特殊的一点，是牙盘边缘处有一周矮栏。可知《元史》所云"上加矮阑"的表案与礼物案，其形制，唐代已经出现了。

7·1 莫高窟第一九六窟甬道南壁供养人像局部

7·2 莫高窟第一九六窟甬道北壁供养人像局部

二　栏杆桌子·栏杆高几·都丞盘

"上加矮阑"的做法大约很快就移用于高足家具，各类图像中有不少例子。如河北宣化下八里辽韩师训墓壁画[1]〔8·1〕。墓葬后室东南壁绘一张直腿直枨加矮老的红方桌，上边一围做出火珠顶望柱的寻杖栏杆，桌面上放着酒台子、酒注、碗盏之类，又有三位妇人托了盘盏，正待往桌子上摆放。山西朔州市市政府工地辽墓墓室壁画也有相似的场景，描绘备茶的一幅，桌前是坐着汤瓶的燎炉，栏杆桌子上放了摞着的盏托和倒扣的几摞茶盏，还有叠置的牙盘[2]〔8·2〕。《甘肃宋元画像砖》刊布一方作为墓室建筑装饰的画像砖，占得画面一半的一张高桌，桌上放置各种器皿，桌边做出栏杆[3]〔9〕。美国纽约大都会博物馆藏南宋《胡笳十八拍图》中的第三拍、第五拍、第十三拍，均绘出四面栏杆、足间有两重拱形枨的一具高几，第五拍之幅，栏杆高几的下面放着一对酒经或曰长瓶，几上置酒注和盏[4]〔10〕。台北故宫博物院藏《宋时大理国描工张胜温画梵像》，绘有尊者像前的一具栏杆供案，供案下方是一个莲花托座，花心的坐龙把供案托举在头顶[5]〔11〕。又台北故宫博物院藏传李嵩《罗汉图》，罗汉身旁放置香盒的也是一具周回有矮栏的六角香几[6]〔12〕。

---

1 河北省文物研究所《宣化辽墓：一九七四至一九九三年考古发掘报告》，彩版九三，文物出版社二〇〇一年。
2 徐光冀《中国出土壁画全集》卷二，图一二七、图一二九，科学出版社二〇一二年。按图一二七已漫漶，本书援用者为后者，以此观彼，可勉强认出图中也是一具栏杆桌子。又按：我对壁画所绘器具的认识，与该书图版说明所述不同。
3 陈履生等《甘肃的宋元画像砖艺术》，页8，载《甘肃宋元画像砖》人民美术出版社一九九六年。
4 《胡笳十八拍图》，天津人民美术出版社二〇〇七年。
5 李昆声《南诏大理国雕刻绘画艺术》，页204，云南人民出版社一九九九年。
6 《画中家具特展》，页36，台北故宫博物院一九九六年。

8·1 河北宣化辽韩师训墓壁画

9 墓室画像砖局部

8·2 山西朔州市市政府工地辽墓墓室壁画局部

  时代稍后的实物，有山西大同东郊元代崔莹李氏墓中发现的明器[1]〔13〕，乃一件仿木结构的带栏杆陶供桌，上下分做。下半部是个长方桌，桌子的四个牙床脚分别做成一大朵舒枝展蕊的牡丹花。牙条以上是满嵌的绦环板，上面也雕刻着盛开的牡丹。桌子上边一围绞口造的寻杖栏杆，瘦项上翻卷出如意云拱，栏杆的华板也用牡丹装饰。桌子和栏杆都涂着红彩。

---

1 大同市文化局文物科《山西大同东郊元代崔莹李氏墓》，图版八∶2，《文物》一九八七年第六期。

10 《胡笳十八拍·第五拍》局部
纽约大都会博物馆藏

11 《宋时大理国描工张胜温画梵像》局部
台北故宫博物院藏

13 陶供桌 大同东郊元崔莹李氏墓出土

12 《罗汉图》局部 台北故宫博物院藏

虽然今天能够见到的实物不多，不过与图像相互参证，似可大致推定这一类形制的家具，在辽宋金元时期已经流行于南北各地。栏杆香案、栏杆高几乃至栏杆桌子，很像是楼阁建筑中出挑的平座，但来源却是席坐时代所使用的小型供案，即带栏杆的牙盘，如前举莫高窟第一九六窟甬道两壁供养人的手奉之器。因此这一类带栏杆的高足家具最初多是作为供桌来使用，在使用意义上也延续着牙盘所具有的供奉者的崇仰与恭敬。

在尤重意趣与情味的明代，带栏杆的家具一部分逐渐从专为礼制与仪式之用的器具中分化出来，或演变为陈设酒食具的日常用器，或为摆放案头清供以为居室生韵的雅具。山西右玉宝宁寺明代水陆画中的一幅"仇冤报恨兽咬虫伤孤魂众"，绘酒店中的仇杀场景，酒店一角便是一张放着酒食器皿的栏杆桌子[1]〔14〕。明刊本《金瓶梅词话》第三十三回"陈经济失钥罚唱"中的插图，画了一座卷棚顶的小轩，里边五人围坐一张方桌喝酒听唱，屋角正有一件束腰带托泥的栏杆桌子，桌上放了一个底下带座的哥窑胆瓶，瓶里插了一束蓬蓬然怒放着的花枝子〔15〕。而栏杆桌子并不见书中描写，原是版画艺人以己意添绘，却由此可见它是当日士宦人家的习用之物。又《明式家具研究》著录一件"有束腰带托泥栏杆式供桌"，桌面边抹攒框装板心，直束腰，与牙子用厚材一起连做，三弯腿斜安在四角，肩部以下鼓出凹进格外显著。桌子上边插榫装了三面矮栏，栏杆四个望柱的顶上，各坐了一只小狮子[2]〔16〕。有意思的是，这一件供桌的式样，与《金瓶梅词话》插图中陈放花瓶的栏杆桌子几乎完全相同。辽宁省博物馆藏明杜堇《竹林七贤图》，绘出竹林山石旁一

---

1 山西省博物馆《宝宁寺明代水陆画》，图一七三，文物出版社一九八八年。
2 王世襄《明式家具研究·文字卷》，页 70；《图版卷》，乙 137，三联书店（香港）有限公司一九八九年。作者云：据修理这件桌子的师傅说，桌上面的栏杆和桌下边的托泥，都是后配。修配的根据，是桌面的一根大边、两根抹头，以及四个桌腿的下端都凿着榫眼，故可以断定原件是有栏杆和托泥的。修配大抵合乎原来的手法，不过因为修整的时候缺少合用的黄花梨厚料，托泥便做得太薄，以致与整体不大和谐。

14　宝宁寺明代水陆画　　15　《金瓶梅词话》插图局部

16　有束腰带托泥栏杆式供桌

17·1 杜堇《竹林七贤图》中的栏杆香几 17·2 香几

个带栏杆的竹香几[1]〔17·1〕。而万历本《鲁班经匠家镜》"香几式"条下，也讲到几面上加栏杆的做法，只是书中未附图式，王世襄《〈鲁班经匠家镜〉家具条款初释》中因有参照香几实物而制成的一幅草图[2]〔17·2〕。很显然，栏杆式供桌和香几的造型，均是对旧有做法的承袭，不过此际颇与明人的欣赏趣味相应和，而或成为室内陈设中助添风雅的小品[3]，却未必尽是礼仪用器了。

东瀛"献物几"式的小型家具，至桃山江户时代尚在制作和使用，

---

[1] 上海博物馆等《世貌风情：中国古代人物画精品集》，页173，上海古籍出版社二〇〇八年。
[2] 《鲁班经匠家镜》述香几做法曰："凡佐（做）香九（几），要有人家屋大小若何而〈定〉，大者上层三寸高，二层三寸五分高，三层脚一（二）尺三寸长，先用六寸大，役做一寸四分大，下层五寸高，下车脚一寸五分厚，合角花牙五寸三分大，上层栏杆仔三寸二分高，方圆做五分大，余看长短大小而行。"《明式家具研究·文字卷·附二》，页213。
[3] 当然也有视栏杆桌子为俗式者，袁宏道万历二十七年（一五九九）作于京师的《瓶史》"屏俗"一节，即将"本地边栏漆单"列在必要屏置之类。

18 "松竹菊桐文莳绘悬盘" 高台寺藏　　　　19 "螺钿梅花文高栏卓" 出光美术馆藏

此际多为制作精巧的漆器，传至中土，而为明代文人所称赏。文震亨《长物志》卷六《几榻》一项举出"台几"一事曰："台几，倭人所制，种类大小不一，俱极古雅精丽。有镀金镶四角者，有嵌金银片者，有暗花者，价俱甚贵。近时仿旧式为之，亦有佳者，以置尊彝之属，最古。"日本高台寺藏一件桃山时代的"松竹菊桐文莳绘悬盘"，或即明人眼中的倭制台几之属[1]〔18〕。

"上加矮阑"的做法于是也被工匠移用于台几，如日本出光美术馆藏一件明代"螺钿梅花文高栏卓"[2]〔19〕。器长52厘米，宽30厘米，高30厘米，三面设栏杆，栏杆望柱中的一对柱顶为宝珠，一对为莲花狮子，瘦项上方亦如前举元代崔莹李氏墓出土陶供桌一般翻卷出如意云拱。桌面螺钿嵌出斜斜一树梅花，束腰座的壸门式开光里布置人物故事，开光之间安排"金玉满堂"、"长命富贵"等吉语。

与栏杆台几式样与用途相近者，又有都丞盘。都丞盘，或作都承盘、都盛盘，意犹陆羽《茶经》中总置诸器的"都篮"，是置于案头用来盛放文具及文房清物的小型家具。宋林洪《文房图赞》委其职曰"般都承"（卷首列名姓字号，作"槃都承"），绘为一具四足长方盘。高濂《遵生

1　铃木勤『伝統の美・漆器』，页67，世界文化社一九七七年。
2　『中国の工芸：出光美术馆藏品図録』，图版四四四，平凡社一九八九年。

20　都承盘

《八笺》卷十四《论剔红倭漆雕刻镶嵌器皿》所举诸器中有"都丞盘",曰:"都丞盘,内有倭石研、水注、刀锥、拂尘等件。"不过屠隆《文房器具笺》、文震亨《长物志》论文房器具,均不曾提到此物。《明式家具研究》论都承盘曰,"从传世实物来看,清代比明代更为流行,式样颇多"[1]。所举图例即为一件明式栏杆式都承盘[20]。

栏杆高几也进入清代宫廷。故宫藏出自乾隆时代宫廷画家之手的一幅《弘历鉴古图》,系仿一帧宋人册页而作,不过把宋画中带有时代特征的各色器具一一易作清宫收藏的古物,以足"鉴古"之意。如把宋画中榻旁的风炉改画为清宫收藏的一件新莽嘉量,宋画中的屏风画易作"四王"风格的山水,又于屏风边添画一件宣德青花梵文出戟罐。而陈放新莽嘉量和宣德青花梵文出戟罐的两件家具,都是带栏杆的束腰高几[2][21]。

1　《明式家具研究·文字卷》,页91。
2　或曰陈放青花梵文出戟罐的器具为"紫檀木制的坛场"(耿宝昌《宣德青花梵文出戟罐》,页11,《文物天地》一九九一年第一期),然而由本文对此类带栏杆家具的梳理,可知非是。

21 《弘历鉴古图》局部一
　　故宫博物院藏

《弘历鉴古图》局部二

三 结语

书案和奏案,是席坐时代十分流行的一类小型家具,而在垂足坐亦即高坐具发展成熟的时代也未废使用。如河北宣化下八里辽韩师训墓后室东北壁的一幅"备经图",图绘一张陈放香炉的方桌,桌上复设一具翘头小案,案上放置经卷和盘子里的念珠,桌旁三位女子,其一拱手,其一合十,其一手捧一个盝顶经匣[1]〔22〕。方桌上用于置放经卷的小案可以称作经案,如此用法,同早期书案的用法是相同的,如洛阳朱村东汉墓壁画所绘帐前桯上置书案的情景[2]〔23〕。直到明清时代的都丞盘,尚存此遗意,唯加饰栏杆的做法系别有来源。

唐代普遍使用的酒食器皿中,有一类为牙盘,它进入宗教生活,则为盛放香花等供养物的托盘。牙盘中下为壸门座的一种,造型来源于当日流行的牙床,因也不妨说它是牙床的小型化。此式牙盘的踵事增华,便是于边缘加饰一周矮栏,这种做法为后世所沿用,于是有《元史·舆服志》列举的表案和礼物案。而此类器具的使用,不论世俗生活与宗教生活,礼敬与尊崇之意原是一致,与席坐时代小型书案和奏案的含义也是贯通的。

加饰栏杆的做法用于高足家具,便发展出栏杆桌子和栏杆高几,初始它的用途仍多同于供桌,明代以降而渐次分化,或演变为陈设酒食具的日常用器,或为居室中摆放案头清供的小品,既平添清赏之趣,则尊礼之意已微。

[初刊于《中国典籍与文化》二〇一一年第二期,题作《从礼物案到栏杆桌子》]

---

1 《宣化辽墓:一九七四至一九九三年考古发掘报告》,彩版九四。
2 洛阳市第二文物工作队《洛阳市朱村东汉壁画墓发掘简报》,彩色插页二:2,《文物》一九九二年第十二期。

22 方桌上的经案 河北宣化辽韩师训墓壁画

曾有西风半点香

23 帐前桯上的书案 洛阳朱村东汉墓壁画

捯鼓考
——兼论龟兹舍利盒乐舞图的含义

一　掆鼓考

今所知最早的一幅掆鼓图，发现于甘肃高台地埂坡魏晋墓四号墓。四号墓前室平面近方形，两面坡顶，顶部彩绘梁架之类的仿木结构，四壁安排图画。前壁墓门用墨线勾勒，墓门上方靠南边的部分绘角抵，北端绘一人负鼓前行，一人持槌击鼓相随。墓门南北两侧分别为狩猎图和放牧图[1]〔1〕。后壁和南北两壁则分别绘制神兽、门吏及宴饮图、卖肉图等。同墓出土有金龙簪、金步摇各一支（均失簪脚），又金蝉珰一枚〔2〕，而金蝉珰通常是皇帝之近臣或王室贵戚所服，可知墓主人颇有身分，则壁画中的掆鼓图与角抵图均为墓主人出行之际的鼓舞百戏之部[2]。唯图中二人从发式到妆束均非汉式，而以酒泉石佛湾子出土北凉承玄元年高善穆石塔〔3〕，又承玄二年田弘石塔塔基线刻神王图中神王的发式[3]，似可推测二人的族属为卢水胡[4]。

图中之鼓在汉文文献中原有专名，便是"掆鼓"。掆鼓，又作刚鼓，掆鼓。掆，即扛。玄应《一切经音义》卷十一"掆舆"条注引《文字集略》："相对举物曰掆也。"《集韵·唐韵》："掆，或作抗、扛。"掆鼓须扛，以其大也。方以智《通雅》卷三十："刚鼓即鼖，谓掆之也。""掆鼓大，使人掆之也。"鼖，即大鼓，这里意谓刚鼓属于大鼓之类。

---

1 国家文物局《二〇〇七中国重要考古发现》，页88，文物出版社二〇〇八年。甘肃省文物考古研究所等《甘肃高台地埂坡晋墓发掘简报》，《文物》二〇〇八年第九期。
2 按出行图中杂有鼓舞百戏，两汉已是如此，后世依然沿用，如敦煌莫高窟第一五六窟（晚唐）南壁张议潮出行图、北壁宋国夫人出行图。
3 张宝玺《北凉石塔艺术》，页59，上海辞书出版社二〇〇六年。
4 关于三国曹魏时期甘肃武威一带卢水胡的情况，见白翠琴《魏晋南北朝民族史》，页206~207，四川民族出版社一九九六年。东晋十六国后期，张掖、武威一带的卢水胡，以沮渠蒙逊为首建立了北凉政权。两件北凉石塔中两身神王的发式，实以世俗妆束为原型。

1 甘肃高台地埂坡魏晋墓四号墓前室前壁壁画

2 金蝉珰 甘肃高台地埂坡魏晋四号墓出土

3 北凉高善穆石塔线刻神王图
酒泉石佛湾子出土

4 搁鼓 山西大同沙岭北魏壁画墓壁画

搁鼓很早即纳入卤簿制度。《西京杂记》"大驾骑乘数":"刚鼓,中道"[1]。《晋书·舆服志》所录《中朝大驾卤簿》记曰:"次摆鼓,中道。"《隋书》卷八《礼仪三》:大业七年征辽东,备法驾,"前部鼓吹一部,大鼓、小鼓及鼜、长鸣、中鸣等各十八具,搁鼓、金钲各二具"。《唐六典》卷十四曰皇太子鼓吹有前后二部,前部之搁鼓、金钲各二,凡两队[2]。

今所见七世纪以前的搁鼓图像有两类,其一出自魏晋南北朝墓室壁画,其一出自佛教绘画。前者除高台之外,尚有以下两例:

一、山西大同沙岭北魏壁画墓北壁壁画。整面壁画分作上下两栏,上栏的六个格子里分别彩绘奇禽异兽。下栏七个行列为盛大的车马出行图。最为热闹的部分即安排在第四与第五行列中:一副搁鼓置于中央起拱的杠间,拱顶张伞盖,前后各一人抬鼓而行。其后为吹角者,又舞蹈、倒立、都卢寻橦等诸般百戏的男女伎乐[3][4]。据同墓出土漆皮文字,知墓主人系一位"太夫人",为破多罗氏,卒于北魏太延元年

---

1 《西京杂记》的作者虽难确指(作者有刘歆、吴均、葛洪三说,今多认为是后者),但书中杂录汉故事亦非无据。
2 就文献来看,这一制度以后为各个朝代延续下来直到清代,但搁鼓的形制大约会有很大变化。
3 大同市考古研究所《山西大同沙岭北魏壁画墓发掘简报》,页16~18,图三〇至三七,《文物》二〇〇六年第十期。

5　擱鼓　河北磁县湾漳北朝壁画墓壁画（摹本）

四月，其子官为侍中、主客尚书、领太子少保、平西大将军。墓主人家族大约在天兴四年迁至平城[1]。

二、河北磁县湾漳北朝壁画墓。该墓发掘报告曰：仪仗之七，"共四人执G类仪仗，分别为东壁第九人、第十一人，西壁第九人、第十一人。G类仪仗是一副鼓，通体朱红色，上以白色、灰色绘莲瓣、缠枝忍冬、连珠等各式纹样，花纹精细、繁缛。一人双手持曲棍扛于肩上，鼓悬挂于曲棍的后部，鼓的正上方有一方形伞。伞呈暗灰色，顶部隆起，四周有垂角、流苏。负鼓人身后另有一人执槌击鼓"[2]〔5〕。此仪仗图中的"G类仪仗"，亦为擱鼓，形制与前举北魏之例近似。"方形伞"云云，即饰有羽葆的伞盖。湾漳壁画墓是一座规格很高的墓葬。关于墓主，发掘者的推测之一，是北齐文宣帝高洋。

形制相近的卤簿擱鼓也为高句丽所用。平安南道南浦市水山里古坟壁画中便有其形象。壁画时代约当五世纪后期[3]〔6〕。

1　赵瑞民等《大同沙岭北魏壁画墓出土漆皮文字考》，页79~80，《文物》二〇〇六年第十期。
2　中国社会科学院考古研究所、河北省文物研究所《磁县湾漳北朝壁画墓》，页153，科学出版社二〇〇三年。
3　菊竹淳一等《世界美术大全集·10·东洋编：高句丽·百济·新罗·高丽》，页36，图一七，小学馆一九九七年。

擱鼓考　211

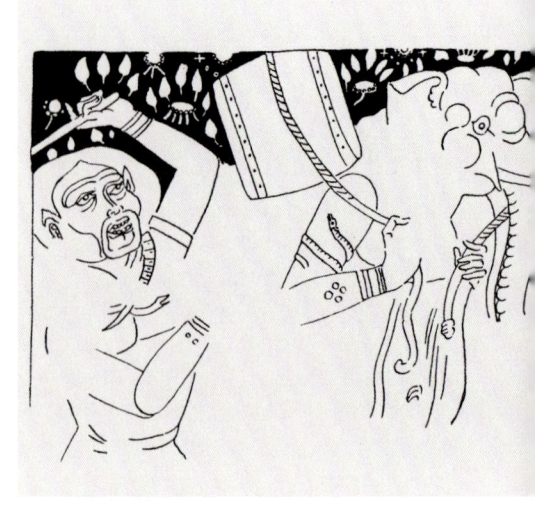

6　搁鼓　平安南道南浦市水山里古坟壁画　　　7　降魔成道图局部（摹本）克孜尔石窟第一九八窟

  值得注意的是出自佛教绘画的搁鼓图像，此多见于龟兹壁画，而均为降魔成道图中的场景，如克孜尔壁画中的一例。画幅早年为德国人掠去，原所在位置为今编号的第一九八窟。格伦威德尔形容说，"一个象头人身的魔鬼背上用绳子背着一个鼓，另一魔鬼用鼓槌击鼓"，相对的一边，"一个狮头人身的魔鬼背上用绳子背着一个锅，另外一个魔鬼用曲棍击打这个锅"[1]〔7〕。从所绘线图来看，可知壁画中的搁鼓为相对的两副，所谓"锅"，实为鼓。此窟的时代，《克孜尔石窟内容总录》定为七世纪[2]。

  除此之外，降魔成道图中的搁鼓尚有克孜尔石窟第七十六窟的

1　A.格伦威德尔《新疆古佛寺：一九〇五至一九〇七年考察成果》（赵崇民等译），页238，图三一一、三一二，中国人民大学出版社二〇〇七年。按本篇采自此书之插图，承王丁先生从德文原版复制。

2　新疆龟兹石窟研究所《克孜尔石窟内容总录》，页199，新疆美术摄影出版社二〇〇〇年。

9　降魔成道图局部　库木吐喇石窟第十窟

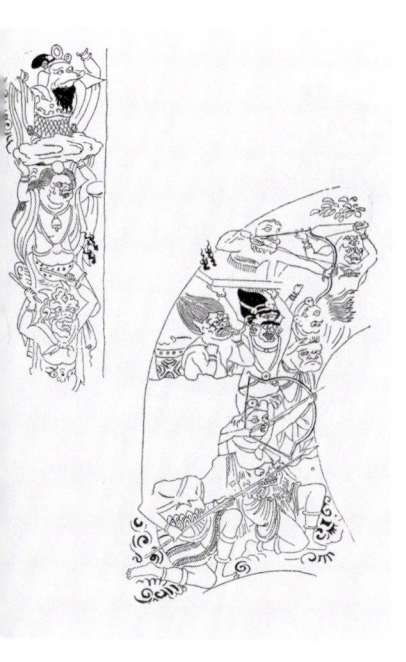

8　降魔成道图局部　克孜尔石窟第七十六窟

一例〔8〕，此窟的时代约当五世纪¹；又库木吐喇第十窟中的一例²〔9〕，画面残失的部分，当是一位击鼓者。壁画昔年均为德国人剥取。

而最引人注目的一例，是发现于新疆库车县城以北的苏巴什佛寺即雀离大寺亦即昭怙厘遗址的一件彩绘舍利盒，舍利盒的盖面四个连珠纹装饰框里分别是四个长翅膀的伎乐童子，两人弹琵琶，一人吹箫，一人拨箜篌，盒身一周乐舞图。搊鼓便是乐舞图中的场面之一〔10〕。

这里举出搊鼓图像的两类例证，显示了两条线索，即出现在墓室壁画的一类，俱为鼓吹仪仗之属，而见于佛教绘画者，皆在龟兹石窟降魔成道图中用于鼓舞攻战。前者是描绘搊鼓在卤簿仪仗中的使用情景，

1　《克孜尔石窟内容总录》，页88。
2　《新疆古佛寺：一九〇五至一九〇七年考察成果》，页53，图五七；按格伦威德尔对此图所属洞窟记述有误，见新疆龟兹石窟研究所《库木吐喇石窟内容总录》，页270、页271，文物出版社二〇〇八年。又第十窟位于谷口区，属于库木吐拉早期开凿的部分，见晁华山《库木吐拉石窟的洞窟分类与寺院组合》，页11，载新疆维吾尔自治区博物馆《新疆石窟·库车库木吐拉石窟》，新疆人民出版社等（未示出版年月）。

搊鼓考　213

10 彩绘舍利盒 苏巴什佛寺遗址出土

后者是以社会生活中的器用表现佛经故事,并且逐渐形成佛教艺术中的一种图式。这一图式在龟兹壁画的沿用时间大约为五世纪到七世纪。

龟兹石窟降魔成道图中的搁鼓,可以在犍陀罗石雕中找到来源,如栗田功『ガンダーラ美術・Ⅰ・佛伝』著录美国华盛顿弗利尔美术馆藏一件〔11〕、巴基斯坦白沙瓦博物馆藏一件〔12〕,又英国私人藏同题石雕[1]〔13〕。几件作品采取的都是左右对称的构图形式,只是白沙瓦的石雕已残去半边。以龟兹石窟的降魔成道图与之相对看,可见不仅鼓和击鼓的姿态一致,并且整个图式的安排也几乎完全相同。然而这一图式的渊源还可以上溯,即它在古印度安达罗王朝早期的桑奇大塔石雕中已经出现,如大塔北门右柱正面第一格中的忉利天说法归来

---

1 栗田功『ガンダーラ美術・Ⅰ・佛伝』(改訂增補版),图226、图229、图232,二玄社二〇〇三年。

11 浮雕降魔成道 华盛顿弗利尔美术馆藏

12 浮雕降魔成道及局部
巴基斯坦白沙瓦博物馆藏

13　浮雕降魔成道　英国私人藏

之幅，图中的菩提树是用来象征佛陀[1]〔14〕，这里的击鼓则用以表现欢呼唱赞之情状。

如此，似乎可以认为，第一，墓室壁画所绘搁鼓，表现的是当日现实生活中的情景，它的使用范围很广，从西北直到中原，乃至高句丽，而高台地埂坡魏晋墓四号墓壁画中的搁鼓，是目前所知最早的一例。第二，龟兹壁画中的搁鼓，构图要素来自古印度的佛教艺术，它在犍陀罗佛教艺术中形成一种图式，几乎均用于降魔成道图，龟兹石窟中的同题壁画便是这一图式的移植[2]。如此之细节刻画并不见于相关的佛经，可知它是缘自粉本的传递。

1　大塔四座塔门的建造时间约在公元前一世纪晚期至公元一世纪初叶。
2　或曰此图"是龟兹画师奇思妙想所得"（霍旭初《克孜尔石窟〈降魔图〉考》："76号窟与110号窟《降魔图》中都出现了魔兵擂击大鼓的形象，这在龟兹石窟以外是罕见的。76号窟'降伏魔众'里魔兵不很多，然而却醒目地绘出擂鼓的形象。这也是龟兹画师奇思妙想所得。"《龟兹文化研究·三》，页440，新疆人民出版社二〇〇六），非也。

14·1 忉利天说法归来 桑奇大塔
北门右柱正面第一格

14·2 忉利天说法归来局部

二　龟兹舍利盒乐舞图的含义

绘有"乐舞图"的龟兹舍利盒，一九〇三年出土于新疆库车县城以北的苏巴什佛寺即雀离大寺亦即昭怙厘遗址，为发掘者大谷光瑞探险队掠往日本。半个世纪后，舍利盒上面的图案方被发现，日本学者发表了研究文章，认为它是七世纪物[1]。此器遂为学界瞩目，因多为相关的研究援以为证，对作为装饰图案的"乐舞"也颇有讨论。其中最有影响的一篇，为霍旭初《龟兹舍利盒乐舞图》[2]。该文考订舍利盒所饰之

1　熊谷宣夫『クチャ将来の彩画舍利容器』，页239～265，《美术研究》第一九一号，一九五七年东京版。
2　霍旭初《龟兹舍利盒乐舞图》，页131，收入《丝绸之路造型艺术》，新疆人民出版社一九八五年；同篇文章又见《舞蹈论丛》一九八五年第四期、《龟兹艺术研究》（新疆人民出版社一九九四年）、《龟兹文化研究·四》（张国领等主编，新疆人民出版社二〇〇六年）。

挝鼓考　217

"乐舞"为"苏幕遮"。此说已被学界接受，几成定论[1]。不过今细审其图，却以为似有重新检讨的必要。

就形制来看，苏巴什佛寺遗址出土彩绘舍利盒中的捆鼓应与用于鼓吹仪仗的捆鼓同源，即它是活跃于龟兹社会生活中的乐器之一种。而作为佛教用器的装饰图案，乐舞图的构图与佛教艺术的关系（不论外来还是本地）也不能忽略，因此不妨说，它在这里是有着双重的来源。

彩绘舍利盒的画面为乐舞图是不错的，然而此乐舞可以确指为"苏幕遮"么？这里却存在两个问题：第一，"苏幕遮"作为歌舞戏的性质和表演特色，它是否相符；第二，讨论龟兹舍利盒所绘乐舞图，不应脱离它所装饰的器具，即舍利盒。

关于"苏幕遮"，向达《唐代长安与西域文明》于此有所述论[2]，任半塘《唐戏弄》"苏莫遮"一节则引证考校尤详[3]。任著曰："苏莫遮，以曲调名为歌舞戏名也，乃纯粹胡乐、胡戏，始于北朝。""苏莫遮"一词见于中唐译出的《理趣六波罗蜜多经》，卷一论老苦云："又如苏莫遮帽覆人面首，令诸有情，见即戏弄。老苏莫遮，亦复如是。从一城邑至一城邑，一切众生，被衰老帽，见皆戏弄。"[4] 慧琳《一切经音义》卷四十"苏莫遮帽"条释曰："苏莫遮，西戎胡语也，正云飒麿遮。此戏本出西龟兹国，至今由（犹）有此曲，此国浑脱、大面、拨头之类也。或作兽面，或象鬼神，假作种种面具形状。或以泥水霑洒行人，或持羂索，搭钩捉人为戏。每年七月初公行此戏，七日乃停。土俗相传，

---

1 如李肖冰《中国西域民族服饰研究》，页135，新疆人民出版社一九九五年；王嵘《龟兹舍利盒〈乐舞图〉文化解读》，页256～261，《龟兹文化研究·四》（张国领等主编），新疆人民出版社二〇〇六年；沈爱凤《从青金石之路到丝绸之路——西亚、中亚与亚欧草原古代艺术溯源》，页583，山东美术出版社二〇〇九年。
2 向达《唐代长安与西域文明》，生活·读书·新知三联书店一九五七年（此文《龟兹舍利盒乐舞图》注释中未及，但引用文献几乎不出向文所引）。
3 任半塘《唐戏弄》，页554～589，上海古籍出版社一九八四年。
4 《大正藏》，第八卷，页867。

云常以此法攘厌驱趁罗刹恶鬼啗人民之灾也"[1]。作为歌舞戏的苏莫遮固然为化妆假面舞队，但洒水施索亦为此歌舞戏中所不可缺少，唐张说《苏摩遮》五首云"自能激水成阴气"（之二）；"豪歌急鼓送寒来"（之三）；"故将寒水散庭前"（之四）[2]，便都是强调这一特色。因此"苏莫遮"传至中原后又有"泼胡王乞寒戏"之名。

霍文曰："归纳起来，苏幕遮有下列几个特点：一是舞蹈者头戴各式面具；二是乐舞的气氛威武雄壮，'腾逐喧噪'；三是舞蹈包含泼水或套勾行人的部分。这幅乐舞图具有苏幕遮的前两个特点，因此可以认为是苏幕遮的一部分，与慧琳所记接近，图中有裸腿赤足的儿童，说明时间当在夏季。"

按：乐舞中有"苏幕遮"的若干表现形式和表现内容，却不等于此即"苏幕遮"，或"苏幕遮的一部分"。换句话说，"苏幕遮"的表现形式之一为"假作种种面具形状"，因此属于龟兹盛行的"浑脱、大面、拨头之类也"，而非凡"假作种种面具形状"者均为"苏幕遮"。龟兹俗喜假面歌舞[3]，苏莫遮舞自亦假面之类，其性质却是时令歌舞，它的表演特色更在于"自能激水成阴气"、"豪歌击鼓送寒来"[4]，并且在当地有着特定的舞戏时间，即"每年七月初公行此戏，七日乃停"。

讨论龟兹舍利盒所绘乐舞图，似不可脱离它所装饰的器具，即作为佛教用具的舍利盒。舍利盒内放置舍利，佛舍利之外，高僧舍利也

---

[1] 释慧琳、释希麟《正续一切经音义》，册二，页1607，上海古籍出版社一九八六年影印狮谷本。
[2] 《全唐诗》，册三，页982，中华书局一九六〇年。
[3] 段成式《西阳杂俎·前集》卷四"境异"述龟兹国风俗曰"婆罗遮，并服狗头猴面，男女无昼夜歌舞"。或疑段氏所云"婆罗遮"即"苏幕遮"（《唐代长安与西域文明》，页79；又霍文云"婆罗遮显系苏幕遮之误"，《丝绸之路造型艺术》，页134），然而苏莫遮中的洒水情节这里却是没有的，因此二者不当为一事。
[4] 宋王明清《挥麈录·前录》卷四记太平兴国六年供奉官王延德出使高昌见闻曰，"高昌即西州也，无雨雪而极热……妇人戴油帽，谓之苏幕遮。……以银或鍮为筒，贮水激以相射，或以水交泼为戏，谓之压阳气，去病"。此是北宋初年"苏莫遮"在高昌的情景，而"以水交泼为戏"依然。

在供奉之列。在佛教史上，舍利代表了佛法的存在，此即舍利信仰[1]，而伎乐供养便是诸般功德之一[2]。这一件舍利盒的盖表为四个联珠纹内分别持器演奏的有翼童子，器身装饰一周乐舞图，器盖与器身的装饰纹样正是相互呼应，很清楚，它所涵容的意蕴乃是释典所云对佛舍利的伎乐供养，即便器内所容并非佛舍利。苏巴什佛寺原是规模恢宏高僧云集的龟兹早期佛教中心，它作为高僧的舍利容器自然是可能的。从整个构图来看，这里仍有着从犍陀罗佛教艺术借鉴而来的若干表现形式，——比较安大略皇家博物馆藏一件浮雕"佛发供养"、又日本私人藏浮雕"八分舍利"中的乐舞形象[3]〔15～16〕，可以明确见出这一点。在犍陀罗艺术中，这一类乐舞表现也已经形成了比较稳定的视觉形象。龟兹之外，甘肃庄浪县李家碾出土北魏卜氏石造像塔的涅槃图也有着类似的表现形式[4]〔17〕。而沿着传播的轨迹上溯，图式更早的渊源又可以追溯到古印度，如桑奇大塔北门右柱内侧第一格的涅槃图，图中的窣堵婆是用来象征入灭的佛陀〔18〕。当然不论犍陀罗石雕，抑或北魏石造像塔涅槃图、龟兹舍利盒乐舞图，在借鉴的同时无不融入了更多的本地特色。

---

1 李四龙《佛教是一部舍利史——略谈佛教的舍利信仰与宗教经验》，页80，《释迦塔与中国佛教》（温金玉主编），宗教文化出版社二〇〇九年。

2 如《长阿含经》卷四《游行经》所云佛在拘尸那揭城灭度时末罗族的伎乐供养：当佛陀涅槃之际，"诸末罗各相谓言：宜各还归，办诸香花及众伎乐，速诣双树供养舍利"；"竟一日已，以佛舍利置于牀上，使末罗童子举牀四角，擎持幡盖，烧香散华，伎乐供养"；"讫七日巳时日向暮，举佛舍利置于牀上，末罗童子奉举四角，擎持幡盖，烧香散华作众伎乐，前后导从安详而行……诸天作乐，鬼神歌咏。时诸末罗自相谓言：且置人乐，请设天乐，供养舍利"（《大正藏》第一卷，页1）。不过此经舍利供养一节似应移在荼毗之后。同本异译之《佛般泥洹经》（西晋白法祖译）卷下：佛荼毗已，舍利盛以金罂，"取舍利置，著金床上，以还入宫，顿止正殿，天人散华伎乐"；却后九十日，于四交道中立刹兴庙，"舍利金罂，正著中央，兴塔树刹，高悬缯幡，烧香燃灯，净扫散华，十二部乐，朝夕供养"（同前，页5）。又《般泥洹经》（失译人）卷下：佛荼毗已，"国诸豪姓，共捡佛骨，盛满黄金罂，置于舆床，异入城中，著大殿上，共作音乐，散华烧香礼事供养"（同前，页6）。又《大般涅槃经》（东晋法显译）卷下"诸力士众，即以金罂收取舍利，置宝舆上，烧香散华，作众伎乐，还归入城"（同前，页7）。

3 『ガンダーラ美術・Ⅰ・佛伝』（改訂増補版），図172、図522。

4 金维诺《中国寺观雕塑全集・1・早期寺观造像》，图七九，黑龙江美术出版社二〇〇三年。或认为图中的乐场面是表现外道庆贺，不确。此应是末罗族的礼赞供养。见刘永增《敦煌石窟艺术・莫高窟第一五八窟》（中唐），页24，江苏美术出版社一九九八年。

15 浮雕佛发供养 安大略皇家博物馆藏

16 浮雕八分舍利 日本私人藏

17·1 北魏卜氏造像塔涅槃图（上）
甘肃庄浪县李家碾出土

17·2 北魏卜氏造像塔涅槃图（下）
甘肃庄浪县李家碾出土

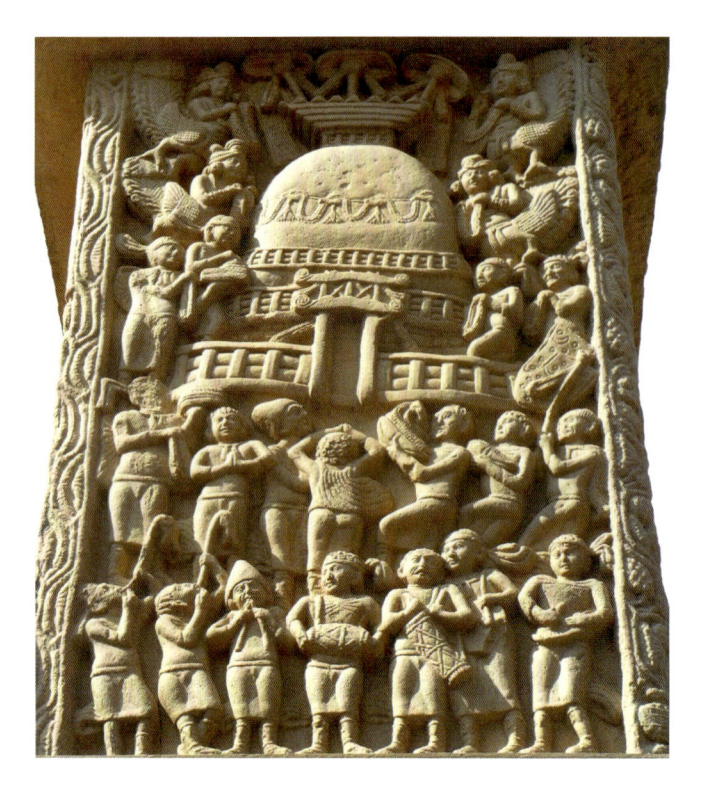

18　涅槃图　桑奇大塔北门右柱内侧第一格

但这里要说的是，舍利盒乐舞图中的艺术语汇虽有着鲜明的龟兹风格，它与前举佛教艺术表现程式的关系却更不容忽略[1]，何况在此本来是为着舍利供养的主题服务。

[初刊于《文物》二○一○年第九期，题作《龟兹舍利盒乐舞图新议》]

1　熊谷宣夫曰："如果没有足够的证据说明舍利盒与宗教的关系，那么也可以认为图案描绘的是一幅真切的社会生活场景。"见『クチャ将来の彩画舍利容器』，页261。此说固是也。然而一面我们须考虑此器的出土地点，此外尤要是图案所突显的表现程式。

象 舆

—— 兼论青州傅家北齐画像石中的『象戏图』

一　库木吐喇石窟第三十四窟
壁画中的"象舆"

库木吐喇石窟第三十四窟主室正壁上方绘有一幅因缘故事，此幅分别著录于《新疆石窟·库车库木吐拉石窟》和《中国新疆壁画艺术·库木吐喇石窟》[1]。前者图版说明称它为《须达多乘象劝化缘》："过去有一长者，名须达多，以祇园精舍、百千金钱布施佛僧，他想'若劝化贫穷下贱减割针綖，而用布施，……复得无量无边功德'。于是'乘大白象于四道头街巷里陌，处处劝化'。坐在象身上的即是须达多，身背一小箱。"后者图版说明则称之为因缘故事："转轮王乘的象前腿跳起，转轮王手攀树枝，似与大光明王本生相关。佛经说，邻国给大光明王送了一头白象，王非常喜欢，请来象师来驯象。当象驯服好后，国王乘象来到一颗（按应为棵）树下，象突然狂奔。王责问象师。象师回答说，我能驯服它的身，但无法驯服它的心。该画面与龟兹石窟中大光明王本生不同的是，王身后背着箱子，后面一人也背着箱子。"画面所表现的故事内容，两书的解读颇不相同。不过据所谓"王身后背着箱子"——当然这不是箱子——来看，此幅所表现的应是《须达多乘象劝化缘》。

《须达多乘象劝化缘》收在《撰集百缘经》卷六。经云须达多"作是念已，即便往白波斯匿王，寻便然可。即遣臣佐于其城内击鼓唱令，语诸人言：须达长者今欲劝化众人以修惠施，于七日头，乘大白象于

---

[1] 新疆维吾尔自治区博物馆《新疆石窟·库车库木吐拉石窟》，图六一，新疆人民出版社等（未注出版年月）；周龙勤《中国新疆壁画艺术·库木吐喇石窟》，图一五〇，新疆美术摄影出版社二〇〇九年。

1　须达多乘象劝化缘　库木吐喇第三十四窟主室正壁

四道头街巷里陌,处处劝化。时诸人等,心怀欢喜,竞共布施"[1]。而壁画所绘须达多的乘骑,便是设有华美之坐具的象舆。所谓"身背一小箱",原是座屏。

象是印度的主要乘骑,所谓"于白象背上,能回能转",正是诸艺之一[2]。然而象舆却非寻常可乘,要须"王及大臣有种种舆:象舆、马舆、车舆、步舆"[3]。如《大般涅槃经》卷中:大善见王欲出园林游观嬉戏,"时王即便升白象舆,与婆罗门长者居士大臣眷属及以四兵,前后围绕,出往园中"[4]。又《十诵律》卷二十七曰"佛在王舍城,是时洴沙王乘象舆,清旦出王舍城欲见佛"[5]。王及大臣之外,"行乘象舆",便多为礼敬。《大唐西域记》卷二《印度总述》"佛教"条曰僧之讲经五部者,得以"行乘象舆"。慧立《大慈恩寺三藏法师传》卷三曰玄奘至那

1　《大正藏》第四卷,页200。
2　《佛本行集经》卷十一,《大正藏》第三卷,页190。按经文原谓诸艺为太子所不喜。
3　《中阿含经》卷十五,《大正藏》第一卷,页519。
4　《大正藏》第一卷,页201。
5　《大正藏》第二十三卷,页94。

象舆　225

烂陀寺后颇受礼敬，因而"免诸僧事，行乘象舆"。《须达多乘象劝化缘》道须达多向波斯匿王表明心迹后，王"即遣臣佐于其城内击鼓唱令"云云，则须达多的"乘大白象于四道头街巷里陌，处处劝化"，便很有奉了王命的意思，而所谓"长者"，在印度也是有一定地位的[1]。画工用象舆来表现须达多的劝化，因此亦为合理，何况这一生活细节原有传统图式可本。

当然以上讨论"象舆"一词，是就汉译佛经而言，而舆在古汉语中原有多项含义。作为名词的载乘之具，舆可以指车，可以指辇，可与车合成一词曰车舆，也可作为车之总名[2]。与"车"相对言，"舆"又指车箱，即古所谓"车牀"[3]。"象舆"之名，当是译经者对应于中土的舆服制度而作出的选择。从象舆在释典中的应用来看，它通常是指象背之上设舆（车牀），相关图像的表现形式与此正是一致的。

印度式象舆自非中土所固有[4]，因此早期佛教艺术中的象舆图式，实来源于异域。

俄罗斯艾尔米塔什博物馆藏一件公元前三至二世纪希腊－巴克特里亚的银鎏金马具饰〔2〕，饰件中心圆环内为车牀中的巴克特里亚国王[5]，国王身后为护卫，前方的御象者缠头、戴耳环，手持驱象用的象钩。图版说明称此为战象，并云象与御象者来自印度。出自意大利卡

---

1 玄应《一切经音义》卷八"长者"条："案天竺国俗多以商估为业，游方履险，不惮艰辛，弥积岁年，必获珍异。上者奉王，余皆入己。财盈一亿，德行又高，便称长者，为王辅佐。"
2 《后汉书·光武帝纪下》"葆车舆辇"，李贤注："舆者，车之总名也。"慧琳《一切经音义》卷八十"扛𦐗"条："舆，亦车也。"
3 《急就篇》卷三颜注："著轮曰车，无轮曰舆"；《论语·乡党》皇侃疏："车牀名舆"；《礼记·曲礼下》孔颖达疏："舆，车牀也。"玄应《一切经音义》卷六"辇舆"条："车无轮曰舆。"
4 列入舆服制度中的"辂"，有以象驾车者，却从来不使用象背之上设舆的方式。又有所谓"象辇"，也是以象驾车之类，如《隋书·礼仪五》曰武库魏旧物中有象辇，"左右金凤，白腹仙人，羽葆旒苏，金铃玉佩，初驾二象，后以六驼代之"。不过"辇"通常是指无轮之人挽之车舆，这里的"舆"，或是借用。
5 『アレクサンドロス大王と東西文明の交流展』，图 67，东京国立博物馆二〇〇三年。一说此是亚历山大征服塔克西拉时与之对决的杰卢姆河对岸保拉瓦（Paurava）国王波罗斯（Porus），见东京国立博物馆等『シルクロードの遺宝』，图 52，日本经济新闻社一九八五年。此取前说。

2 银鎏金马具饰 希腊—巴克特里亚时代

3 彩绘陶盘 卡佩纳古城墓地出土

佩纳古城墓地的一件彩绘陶盘〔3〕，为公元前二世纪物，它曾展陈于中国国家博物馆举办的"意大利之源：古罗马文明展"，展品说明命之为"战象献纳品盘"，说它"装饰图案非常细致，可以清楚辨认出一头披挂好准备出征的成年印度战象。它背上绑着一个雉堞状塔式结构，用很大的青铜盾牌加固，周围有士兵守护"，以伊庇鲁斯国王皮洛士曾在与罗马的战争中使用过战象，因推测此"是为纪念战胜皮洛士以后在罗马举行的胜利庆祝活动而制作的"。与前举银鎏金马具饰相对看，二者构图很是相似，包括细节处理如御象者所持的象钩，陶盘大象背上的所谓"雉堞狀塔式結構"，自是与前例相同之舆亦即车牀，那么也是象舆。

印度象舆在桑奇大塔塔门雕刻中表现得很清楚，如大塔北门背面

象舆　227

4　象舆　桑奇大塔北门背面第二横梁下

5　象舆　桑奇大塔东门正面第二横梁右上

第三横梁上方中间，又东门第二横梁右端之上的雕塑〔4~5〕。其中一幅保存最为完整，图像中御者所持象钩也与巴克特里亚马具饰件象舆图中的象钩式样相同。大塔雕刻的时代约当公元前一世纪末至公元一世纪初，北门的时代稍早于东门。

仍然可以向犍陀罗地区追寻传播的线索。如前篇所举《须大拏本生·布施白象》（《净瓶与授水布施》，图6），如白沙瓦博物馆藏、又

6　佛传故事　白沙瓦博物馆藏　　　　　　　　　　　7　四门出游　日本私人藏

8　八王分舍利　日本私人藏

日本私人藏佛传故事石雕，又日本私人藏八王分舍利石雕[1]〔6~8〕。舆亦即车牀结缚于象背的情形，由末两例可以见得很真切。

出现在龟兹佛教艺术中的象舆，其图式的主要来源应是犍陀罗艺术。开篇举出的库木吐喇第三十四窟《须达多乘象劝化缘》之外，尚有窟群区第二十三窟后甬道壁画八王争舍利图一例〔9〕，此幅昔年

1　栗田功『ガンダーラ美術・Ⅰ・佛伝』（改訂増補版），图103、图609、图526，二玄社二〇〇三年。

象舆　229

9 八王争舍利 库木吐喇第二十三窟壁画

被德国吐鲁番探险队割取[1]。格伦威德尔在《新疆古佛寺：一九〇五至一九〇七年考察成果》一书中说道，"我们无法明显地看出，那向前凸出的鞍子是怎样固定在大象身上的"。显然作者是把"舆"，即象背上面的宝座式舆误认为鞍具。不过他判定画中的脚色为国王[2]，是不错的。或曰此为"武士"，则非[3]。

此外尚有丝织品的例子更值得注意。其一为中国丝绸博物馆藏北朝"宜王大吉"锦残片〔10·1〕。由所存的部分可知它是在纵向排列

---

1 A.格伦威德尔《新疆古佛寺：一九〇五至一九〇七年考察成果》（赵崇民等译），页45，中国人民大学出版社二〇〇七年；新疆龟兹石窟研究所《库木吐喇石窟内容总录》，页268~269，文物出版社二〇〇八年。
2 作者在谈到焉耆锡克沁（七个星）佛教建筑遗址第九窟壁画时说道，"这里的鞍具不是库木吐拉壁画上的国王使用的、附有靠背的奇特鞍具，而是平坦的、装了边沿而形成的一种槽子，用皮带把它捆在大象的鞍垫上"（页373）。
3 《库木吐喇石窟内容总录》形容此幅曰，"左、右侧各有一身披铠甲，手举战旗，持弓、矛，骑着大象的武士相对而来"（页268）。

10·1　"宜王大吉"锦残片局部　中国丝绸博物馆藏　　　　10·2　"宜王大吉"锦残片局部　香港私人藏

的图案骨架里分别安排三组主题纹样。狮子安排在左侧骨架内，边角分别织出"宜""王""大吉"的字样；右侧骨架内为莲花座上的摩尼宝，两侧合抱莲花枝（一侧残），座下一角织"白"字；中间一列为象舆，前方御者头顶挽髻，手持象钩，舆中三人，第一人举右臂仿佛致意一般，与前举银鎏金马具饰件上面的图像相对看，这一位也应是王。另一组境外私人收藏的织锦残片与此纹样差相一致[1]〔10·2〕。稍异者，狮子纹样的各边角分别织出"連""華""師子"；莲花座下两角分别织出"右""白"二字。"右白"之"右"，当正读为"佑"，而龟兹王室为白姓，这里的"右白"，或含此意。两组残片当可复原为一个完整的图案，"狮子莲花佑白宜王大吉"则为祝颂之辞。那么此锦或

1　香港贺祈思藏，《锦上胡风：丝绸之路魏唐纺织品上的西方影响》，北京大学赛克勒考古与艺术博物馆等二〇〇九年。

象舆　231

11　善事太子入海品·善事出游　莫高窟第二九六窟

有可能是为龟兹王而制[1]，象舆的纹样设计则是承继了一种由异域传来的古老图式。

象舆图式东传到了敦煌，象背所设之舆，在借鉴与演变的过程中大致形成三种样制。最为简单的一种，便是四周加护栏的车牀，此外有幄帐式[2]，亭轩式。后两种通常用于载乘王室人物，大臣、将帅、使者所乘多为第一种。带座屏的宝座式则已鲜见。

莫高窟第二九六窟善事太子入海品中的"善事出游"两幅，大约是时代最早的例子，时代为北周[3]〔11〕。经云太子出游，"乘大白象，金银校饰"，街道陌中，观者无数。又"尔时太子，见诸乞儿"，卑言求哀，从人乞讨。两幅所绘即此两般情景，而把"乘大白象"，易作乘象舆。图中舆的式样接近前举犍陀罗石雕《佛传故事·四门出游》，

1　织锦图案中的摩尼宝是圆形而非菱形，显示着北齐时代摩尼宝的造型特征，可以作为定其时代与产地的一个参考（"五世纪菱形宝珠流行，尔后圆形和菱形宝珠并存，到了北齐时期圆形宝珠盛行，菱形极为罕见。"苏铉淑《东魏北齐庄严纹样研究——以佛教石造像及墓葬壁画为中心》，页233，文物出版社二〇〇八年）。

2　幄帐式舆，又或称作"帐舆"。唐慧立《大慈恩寺三藏法师传》卷六曰贞观十九年春正月玄奘取经归来，"是日有司颁诸寺，具帐舆、花幡等，拟送经、像于弘福寺"。

3　梁尉英《敦煌石窟艺术·莫高窟第二九六窟》（北周），图一五二、一五三，江苏美术出版社一九九八年。按《善事太子入海品》见《贤愚经》卷九。

12　佛传故事　莫高窟第六十一窟南壁

13　须达与舍利弗　莫高窟第九窟南壁壁画

14　须达与舍利弗访园局部　莫高窟第九十八窟西壁

但已是中土化的幄帐式。亭轩式见于莫高窟第六十一窟南壁佛传故事中摩耶分娩后的乘象舆返回迦毗罗卫城[1]〔12〕，壁画时代为五代。

四周加护栏的车牀式，多见于莫高窟晚唐五代壁画，如《劳度叉斗圣变》《报恩经变》《虔阇尼婆梨王本生故事》等。《劳度叉斗圣变》的例子，有晚唐第九窟南壁〔13〕，五代第一四六窟西壁、第九十八窟西壁[2]〔14〕。所绘乃是须达长者与舍利弗乘象舆回返舍卫城，并在城中

1　樊锦诗《敦煌石窟全集·4·佛传故事画卷》，图一二二，商务印书馆（香港）有限公司二〇〇四年。
2　马德《敦煌石窟全集·26·交通画卷》，图一五四、一五二，商务印书馆（香港）有限公司二〇〇〇年；殷光明《敦煌石窟全集·9·报恩经画卷》，图五四，同上。

象舆　233

15　善友夫妇回国
莫高窟第五窟南壁

寻访精舍的情景。《降魔变文》述此情节曰：佛陀受须达长者之情，应允往舍卫城说法，因嘱弟子舍利弗与长者一起先至城中起建精舍。"须达既蒙受请，更得圣者相随，即选壮象两头，上安楼阁，不经数日，至舍卫之城，遂与圣者相随，按行伽蓝之地"[1]。不过《劳度叉斗圣变》中的象舆并没有绘作"上安楼阁"。此式却是见于时属五代的莫高窟第五窟南壁《报恩经变》[2]〔15〕，即善友苦尽甘来，与公主一同乘象舆归国。象身所置之舆如一楹见方的亭阁，顶部则是栏杆四围的宽展之平坐。见于《虔阇尼婆梨王本生故事》者，则为使者乘象舆宣示国王诏书[3]〔16〕。此外尚有法国巴黎吉美博物馆藏出自敦煌的五代绢画《降魔成道图》[4]〔17〕。末一例与新疆焉耆七个星佛教建筑遗址第九窟壁

1　王重民等《敦煌变文集》（上集），页364，人民文学出版社一九八四年。
2　《敦煌石窟全集·9·报恩经画卷》，图一三六。
3　李永宁《敦煌石窟全集·3·本生因缘故事画卷》，图一七八，商务印书馆（香港）有限公司二〇〇〇年。
4　敦煌研究院《敦煌：纪念敦煌藏经洞发现一百周年》，页141，朝华出版社二〇〇六年。

16 使者骑象宣示国王诏书 莫高窟第八十五窟南壁

18 焉耆七个星佛教遗址第九窟壁画中的象舆

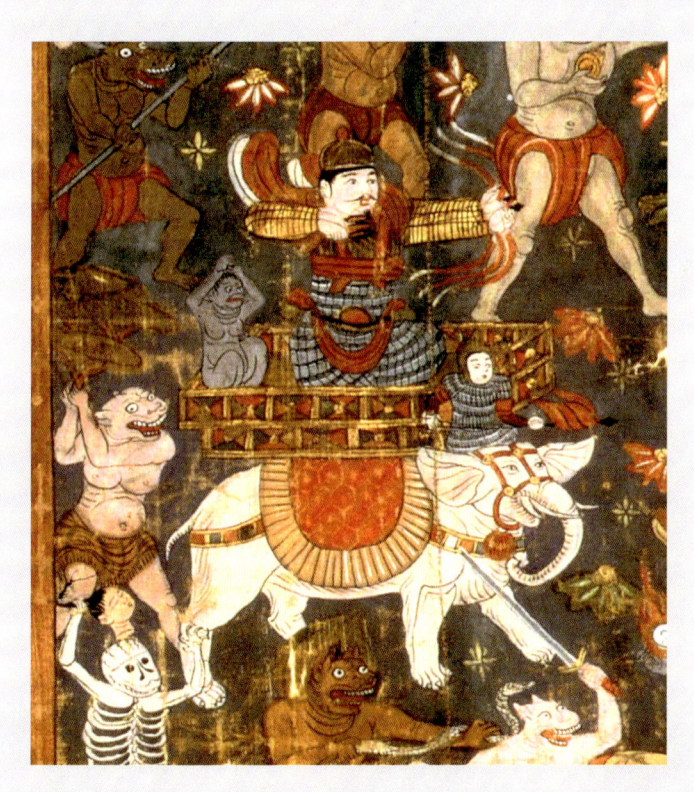

17 《降魔成道图》中的象舆 巴黎吉美博物馆藏

19　象舆　莫卧儿王朝细密画

画八王分舍利中的武士所乘象舆相同[1]〔18〕，七个星佛教遗址的时代为七世纪至回鹘时期[2]。绢画与壁画的时代似约略相当。

从脚色安排来看，工匠对象舆所包含的等级制度是了解的，虽然在表现形式上把它不断中土化。而印度式象舆原非中土所习见，这自然是依凭着佛经以及讲唱文学的传播，更有相关图式的传递。

象舆在印度本土则长期沿用，及至莫卧儿王朝的细密画，所绘象舆竟也与古式无多差别[3]〔19〕。

1　《新疆古佛寺：一九〇五至一九〇七年考察成果》，页373。
2　贾应逸等《印度到中国新疆的佛教艺术》，页399，甘肃教育出版社二〇〇二年。
3　*Indian Miniature Painting: Manifestation of a Creative Mind*, p.94, Dr. Daljeet and Prof. P.C. Jain, published by Brijbasi Art Press Ltd., 2006.

二　青州傅家北齐画像石中的"象戏图"

佛教艺术之外，尚有一个比较特殊的例子，便是发现于山东益都县（现为青州市）城南傅家大队的一组阴线石刻〔20·1~4〕，其中一方被称作"象戏图"。石刻原是一座石室墓中物，"此墓早年被盗，墓内除一方墓志外，未见其它文物。因墓志被压于大坝底基，墓主人姓氏已无法查考，仅知卒葬于北齐'武平四年'"。而每一方石刻"各为一完整画面，从不同的角度反映出墓主人的生平事迹，是一种单幅连环画的形式"[1]。

青州傅家北齐画像石颇引起研

20·1　益都石室线刻画　山东益都县城南出土

---

[1] 夏名采《益都北齐石室墓线刻画像》，页49、53，《文物》一九八五年第十期。按此后又清理出来的两方，则被命作"出行图"和"送葬图"，夏名采《青州傅家北齐线刻画像补遗》，页92~93，《文物》二○○一年第五期。又按其中五方收入周到等《中国画像石全集·8·石刻线画》，分别题作"主仆交谈"、"饮食"、"行进"、"商旅"、"进贡"，图一一五至一一九，河南美术出版社等二○○○年。

究者的重视,对于墓主人的身分、族属以及画面内容,都有过不少讨论。郑岩《魏晋南北朝壁画墓研究》一书并设有专章,作者认为,"画像中墓主的服饰与面相均表现出与粟特人明显不同的特征,可以判断为汉人或鲜卑人,这是傅家画像石与虞弘、安伽等墓葬的装饰关键性差别。另一方面,傅家画像石又大量借用了粟特美术的绘画样本,甚至墓主的坐姿也表现出对于异质文化的欣赏和认同。可以得出这样结论:傅家石棺的主人是北齐统治阶层中汉人或鲜卑人的一员,但很可能生前与萨宝等粟特人有相当密切的联系,以至于可以得到萨宝丧葬所用的粉本并乐于加工改造,用在自己的墓室中"[1]。

关于其中的"象戏图",夏名采《益都北齐石室墓线刻画像》一文形容道,"画面中心为一大象,象的头部有用玉璧、花束组成的笼套饰件,象背上驮一大型方座基,座栏有六根柱饰,柱头呈火焰状,方座下为覆莲饰";"此图所刻画的似乎是流行佛教的南亚地区的风俗景像"。而姜伯勤《中国祆教艺术史研究》对此则有另一番解读:"《益都北齐石室墓线刻画像》一文所引第八石拟题为《象戏图》,图中有一幞头男子,牵引一象,象身托有一床,床有莲花座,其上有六处火焰纹。""考《隋书》卷八三《石国传》有云:其王姓石,名涅,国城之东南立屋,置座于中。正月六日、七月十日,以王父母烧余之骨,金瓮盛之,置于床上,巡绕而行,散以花香杂果,王率臣下设祭焉。礼终,王与夫人出就别帐,臣下以次列坐,享宴而罢。""如 A.M. 别列尼茨基等指出,此一记述表明了祖灵崇拜。此种祖灵,即琐罗亚斯德教的 fravashi(守护力之意)。每年 Fravaršigan 节,阿胡拉·玛兹达神恩许降临大地,祈信此年之丰饶丰产。"因此线刻画中"火焰纹的图像,可与粟特壁画《哭丧图》中的火把图像比较,且应与粟特人新年前夜'万灵节'(安魂节)的习俗有关"[2]。

---

1 郑岩《魏晋南北朝壁画墓研究》,页 268~269,文物出版社二〇〇二年。
2 姜伯勤《中国祆教艺术史研究》,页 70,生活·读书·新知三联书店二〇〇四年。

20·2 益都石室线刻画 山东益都县城南出土　　20·3 益都石室线刻画 山东益都县城南出土

　　这里首先要判断墓主人的身分和族属。郑岩曰,"傅家石棺的主人是北齐统治阶层中汉人或鲜卑人的一员",是可以信从的意见。从服饰来看,前者的可能性似乎更大。关于故事内容,所谓"从不同的角度反映出墓主人的生平事迹",论述最为中肯。而这本来也是两汉以来墓室刻绘通常采用的传统做法。

　　石刻一组所反映的主要内容是行旅。然则它是墓主人的商旅生涯么?"饮食图"中的伞盖,又"出行图"中的伞盖和障扇,都表明图画内容断非估客的商业活动。而出现在画面中的胡人一律为谦恭之态,——不论侍奉饮食,擎举伞盖,还是驾驭牛车,如所谓"商谈图"、"主仆交谈图"〔20·2〕、"饮食图"〔20·3〕、"车御图",自然也是对画中主人公尊显之身分的有意烘托。画图中的辅纹如飞鸟和异兽等,或参考了粟特艺术中的习用纹样,在此大约亦为渲染西域风情。如此,这里可否提出另一种可能呢,即线刻画表现的是墓主人出使西域的经历。而"商谈图"、"主仆交谈图"的命名,或当重新考虑。只是史籍缺载,墓志又被压于坝底,故不宜遽断。

象舆　239

20·4 益都石室线刻画 山东益都县城南出土

21 象舆 莫高窟第三八六窟前室东壁

　　至于"象戏图"的定名¹，则非。首先，图中有象，但并无"象戏"。"象背上驮一大型方座基"，由前面的讨论，自可判明它正是象舆。北魏杨衒之《洛阳伽蓝记》卷三中的一段记述也可参证："永桥南道东有白象、狮子二坊。白象者，永平二年乾陀罗国胡王所献，背设五彩屏风，七宝坐床，容数人。"而象舆护栏上缘的"火焰纹"，则即摩尼宝，此原是南北朝时期墓室壁画和墓志石刻等常见的装饰题材²，它也为后世所沿用。敦煌莫高窟第三八六窟前室东壁壁画中便有与此式相同的象舆〔21〕，时代为晚唐³。可见它与《隋书·石国传》中提到的石国风俗以及粟特人的万灵节，诚可谓"马牛其风"。

〔初刊于《中国文化》二〇一一年春季号，题作《象舆——兼论青州付家北齐画像石中的"象戏图"》〕

1　此幅收入《中国画像石全集·8·石刻线画》，命作"行进"图一一七。
2　相关讨论，见苏铉淑《东魏北齐庄严纹样研究》之第四章《墓葬艺术中的宝珠纹》，文物出版社二〇〇八年。
3　《敦煌石窟全集·26·交通画卷》，图一五一。

净瓶与授水布施

须大拏太子本生故事中的净瓶

克孜尔石窟第三十八窟主室券顶左侧原有一幅须大拏太子本生图（今藏德国柏林印度艺术博物馆），《中国新疆壁画全集·1·克孜尔》著录此幅，图版说明曰："叶波国太子须大拏，乐施好善，其国有一白象武勇威猛，为拒敌之国宝。敌国派人来求白象，须大拏慷慨施予。国王闻大怒，将须大拏及妻子儿女驱逐至檀特山，后须大拏将携带之物全部施舍殆尽。又有婆罗门乞施，须大拏已无可施，婆罗门遂要两个儿子作奴，须大拏忍痛说：'自生布施，未尝微悔。'于是，'太子持儿令梵志缚，自手执绳端'。后敌国王被须大拏之举感化，两国修好。图中坐于门前为须大拏，正用绳捆两小儿，右侧为婆罗门，双手作接绳状（《六度集经》卷二）"[1]。此云故事梗概大致不差，但于图画所描绘的情景，则识读有误。

须大拏本生故事在《大藏经》中存有三个译本，即三国东吴支谦译《菩萨本缘经·一切持王子品》、康僧会译《六度集经》卷二《须大拏经》，又西秦圣坚译《太子须大拏经》。三本故事内容一致，惟详略有殊。北朝时期依据此经绘制的图像数量不少，地域则从西域直到中原[2]，克孜尔石窟第三十八窟之幅便是其中之一。

克孜尔石窟壁画本生图的绘制，多是从故事中选取一个典型情节，以细节的生动传神来使得读画者易于识别，此幅也是如此。《六度集经》

---

[1] 段文杰《中国新疆壁画全集·1·克孜尔》，图九九，天津人民美术出版社一九九五年。又新疆维吾尔自治区文物管理委员会等《中国石窟·克孜尔石窟》第三卷，图一八四，文物出版社一九九七年；新疆龟兹石窟研究所《中国新疆壁画·龟兹》，图一八，新疆美术摄影出版社二〇〇八年。按三书图版说明对画面的解读大致相同。
[2] 关于此经在中土的翻译、流传以及中原地区相关的北朝造像，谢振发《北朝中原地区〈须达拏本生图〉初探》一文有详细讨论，见《美术史研究集刊》第六期（台北，一九九九年）。

1 须大拏太子本生·布施儿女
克孜尔第三十八窟主室券顶壁画

描述须大拏以一儿一女布施梵志时云"太子右手沃澡,左手持儿,授彼梵志"[1],第三十八窟须大拏太子本生所绘正是这一场景:胡跪于地的太子右手握持澡瓶之颈,左手捉住一双儿女的小手〔1〕,——"沃澡"者,太子以澡瓶之水沃澡梵志之手也[2],而所谓"坐于"门前的须大拏,以及"正用绳捆两小儿,右侧为婆罗门,双手作接绳状",自是误读。

澡手的情节,在《六度集经》中也见于施象、施妻,即太子"左持象勒,右持金甕,澡梵志手,慈欢授象"[3];又太子"以右手持水澡梵志手,左手提妻适欲授之"[4]。新疆若羌县米兰佛寺遗址围廊壁画须大拏太子本生所绘施象时的情景[5]〔2〕,也与经文相符。而这里表现的原是印度的一种

---

1 《太子须达拏经》:"太子即以水澡婆罗门手,牵两儿授与之。"按本文所引释典据均《大正藏》。
2 澡瓶,亦称澡罐,又称军持、净瓶。慧琳《一切经音义》卷十五"澡罐"条曰"盛净水瓶也";卷四十"军持"条曰"澡瓶也"。
3 《太子须达拏经》:"太子左(他本作右)手持水澡道士手,右手牵象以授与之。"
4 《太子须达拏经》:"太子以水澡婆罗门手,牵妃与之。"
5 斯坦因《西域考古图记》第一卷,图一三七,广西师范大学出版社一九九八年。

净瓶与授水布施:须大拏太子本生故事中的净瓶 243

2 须大拏本生·布施白象局部 若羌米兰佛寺遗址壁画

古老习俗，即布施者与受施者的倾水示信[1]。此在佛经中尚有很多事例。如《四分律》卷四十《衣犍度之二》曰耆婆童子持一领贵价衣往世尊所，白佛曰："愿与我清净愿。"佛言："求何等清净愿？"答言："我此贵价衣从王波罗殊提间得，价直半国。愿世尊哀愍故为我受。自今已去，愿听诸比丘欲著檀越施衣、愿著粪扫衣者，随意著。"尔时世尊默然可之。时耆婆童子得世尊可已，即持金澡瓶水洗佛手，持此大贵价衣上佛。又《四分律》卷三十三《受戒犍度之三》："时罗阅城诸园中，迦兰陀竹园最胜。时世尊知摩竭王心中所念，即将大众诣竹园已。王即下象，自叠象上褥作四重敷地，前白佛言：愿世尊坐。世尊即就座而坐。时瓶沙王持金澡瓶水授如来令清净，白佛言：今罗阅城诸园中，此竹园最胜，我今施如来，愿慈愍故受。"

倾水示信的情景刻画，印度巴尔胡特大塔压顶石上的浮雕须大拏太

---

[1] 迦梨陀婆《行云使者》（徐梵澄译）第五九节"横度君姿美，黝如大神足"，译注"大神，乃维瑟努，第五世降生为一侏儒，往化雄猛之王子巴力（Bali）。时巴力已将诸天神皆驱逐出境矣，方为祭祀，祭祀已，布施如仪，此侏儒婆罗门踽行至其前，乞三步地以建一茅舍，巴力怪其所求之少也，许之，倾水于其右手以示信"云云（页75，室利阿罗频多修道院一九五九年）。

3 须大拏太子本生・布施白象 巴尔胡特大塔压顶石浮雕

4 须大拏本生・布施儿女 桑奇大塔北门背面第三横梁

5 须大拏本生・布施妻子 桑奇大塔北门背面第三横梁

子本生之"布施白象",自然是最为明确的一例。太子"左持象勒,右持金瓮,澡梵志手,慈欢授象",细节种种,一如经文所云〔3〕。比巴尔胡特大塔时代稍晚,有桑奇大塔的四座塔门雕刻。它的北门第三横梁正、背两面即为《须大拏太子本生图》。图如舒展的长卷,故事情节自右向左迂回折返逐一铺展[1],而布施白象、布施儿女、布施妻子之际的澡手情景都表现得很明确〔4~5〕。

---

1 按《北朝中原地区〈须达拏本生图〉初探》曰故事中的"渡河"在现存印度造像中尚未发现,因此"可以了解渡河等图像实在是反映着北朝中原须大拏本生图的独特个性(页19、21)",不确。桑奇此幅中即有完整的"渡河"场景。

净瓶与授水布施:须大拏太子本生故事中的净瓶　245

6 须大拏本生·布施白象 白沙瓦博物馆藏

今存犍陀罗石雕中亦有须大拏本生。白沙瓦博物馆藏一件须大拏本生·布施白象，乃是太子从象舆上面下来，面对索求白象的梵志，"左持象勒，右持金甆"[1]〔6〕，则布施之意在焉。

前举米兰佛寺遗址壁画的时代为三至四世纪，白象的右大腿处有一小段佉卢文墨书的画家题记，曰："本绘画系提它（Tita）〔之作品〕，该人〔为此〕接受了三千巴玛卡。"Tita在印度语和伊兰语中都找不到根源，因而斯坦因认为它可能是将罗马人名Titrs一字译成梵文雅语和俗语所应有的变化[2]。"也就是说，这位画家可能是一位罗马人，或者是移居西北印度犍陀罗地区的罗马人的后裔，他旅行来到米兰或为米兰寺院所雇用"，"因而Tita或许就是米兰地方从事佛教艺术创作的外籍移民，从他使用佉卢文字的情况来看，很可能是由西北印度犍陀罗地区进入于阗的"[3]。如果这一推论可以成立，那么关于图式的传递，此即表现最为明确的一例。

倾水示信的习俗为中土所无，图像的内涵因此不是普遍为人所知。东传之后，这一细节便不再是表现的重点，且以逐渐淡化的趋势渐渐隐没。美国宾夕法尼亚大学博物馆藏北魏造像碑台座，又北齐天保二年造

---

1 栗田功『ガンダーラ美术·Ⅱ·佛陀の世界』，图844，二玄社一九九〇年。
2 斯坦因《西域考古图记》第一卷，页311~312。
3 吴焯《佛教东传与中国佛教艺术》，页153，浙江人民出版社一九九一年。

7 须大拏本生·布施车马
北魏造像碑台座浮雕

8 须大拏本生·布施白象
北齐天保二年造像碑
碑侧浮雕

像碑碑侧浮雕[1]〔7~8〕，均有须大拏本生故事，前者为流放途中的太子舍车，后者为最初的布施白象，太子手持净瓶向婆罗门澡手示信的情景，尚表现得清楚准确。莫高窟北周第四二八窟东壁太子须大拏经·布施白象之幅亦绘太子右手持瓶，但面前求施白象的婆罗门却被丑化为张牙舞爪的恶人一般[2]〔9〕，而这并不是佛经的意思[3]。因此虽然净瓶尚存，但布施者向受施者的倾水示信似已不复存在。隋以后的须大拏本生故事，

---

1 金申《海外及港台藏历代佛像珍品纪年图鉴》，页47、页98，山西人民出版社二〇〇七年。后一例图版说明称作"波罗门施舍"。
2 李永宁《敦煌石窟全集·3·本生因缘故事画卷》，图一二二，商务印书馆（香港）有限公司二〇〇〇年。
3 施舍行为是庄严神圣的，且布施在印度亦非自佛教始，而是有着悠久的传统。惟有一些不合常例的非常之施，亦即《悲华经》从祈求者角度讲的"乞求过量"，仅见于佛典。这里所欲表达的是，对于至诚的信徒来说，他人是第一的，慈悲和施舍是无条件的（刘建等《印度文明》，页206，中国社会科学出版社二〇〇四年），因此对求施者并不采用丑化的表现方法。

9 太子须大拏经·布施白象 莫高窟第四二八窟东壁

10 善事太子入海品·求仙人为子 莫高窟第二九六窟壁画

画面里并连净瓶也不再出现。

  佛教艺术的传播过程中,乙方对甲方的借鉴,或者是图式,或者是造型,又或是细节构成,总是根据自己的知识背景以及技术背景,决定取舍。不过图式的接受与观念的接受并不成正比,而观念被改变的可能性更大,乃至有时只有图式,而观念竟是缺席。这里举出的净瓶与授水布施,可以算作一例。又如莫高窟第二九六窟善事太子入海品,图依经文所述绘出勒那跋弥国王往"城外林中"访求"仙人",画面中的两位仙人却是赤裸上体,肩绕披帛,两只尖尖的长耳高耸于头顶〔10〕。耳高于顶,正是两汉至南北朝中土仙人最为显著的形象特征,汉乐府古辞《长歌行》"仙人骑白鹿,发短耳何长"[1];《拾遗记》卷三曰"黄发老叟五人,或乘鸿鹤,或衣羽毛,耳出于顶","与(老)聃共谈天地之数"。中土观念中,此仙人乃是吃得长生不死之药者。但在印度,所谓"仙人",是指出家修行,具有种种神通变化的人。而后一条,有时甚至是不很重要的。当然在汉译《贤愚经》的善事太子故事里,仙人本来带有几分"神仙"色彩,也因此添助了工匠将此与中土仙人形象对应的合理想象。

[初刊于《中国典籍与文化》二〇一〇年第三期,题作《佛教艺术名物丛考》]

---

1 逯钦立《先秦汉魏晋南北朝诗》,上册,页262,中华书局一九八三年。

立拒举瓶

立拒举瓶，经文又称入支、如拒，或三奇立拒、三叉立拒。玄应《音义》卷二"立拒"条曰："此外道瓶，圆如瓠，无足，以三杖交之，举于瓶也。诸经中或言执三奇立拒，或言三叉立拒，皆是也。"又卷十八"入支"条释义与此相同，惟"以三杖交之，举于瓶也"，作"以三杖交之，支举于瓶也"，阐发使用情状更为明确。与三叉立拒类同而形制稍异者，又有一种名作"三拒木"，慧琳《一切经音义》卷十五"三拒木"条："亦曰三歧杖，可长二尺许，一头如橛，一头有三股。股长三二寸，随身道具，用承水瓶。案西国净行婆罗门皆共遵奉围陀戒行，每持瓶洗净涤除形秽，以此三拒木插于地，于歧上横安水瓶，令涓涓自承以洗手也。彼国学士游方访道者持三歧木瓶钵随身也。"慧琳所释经文，见唐菩提流志译《大宝积经》第一百二十卷："尔时广博仙人与其同类渐至佛所，觌诸罗汉威德尊严，内怀倾悚曲躬低视。各结散发，身佩白绳，颜容黑暗，两目黄绿，头发枯燥，执三拒木。"[1] 三叉立拒与三拒木的用途及使用方法大抵相同，即均以三杖相交，相交处悬挂水瓶。

玄应《一切经音义》卷二所释为北凉昙无谶译《大般涅槃经》卷二十八，经文曰："善男子！信心者因于听法，听法者因于信心。如是二法，亦因亦因因，亦果亦果果。善男子！譬如尼乾立拒举瓶，互

---

[1]《大正藏》第十一卷，页310。

1 涅槃图 旧金山亚洲艺术博物馆藏

为因果,不得相离"[1]。尼乾,又作尼乾子、尼揵子,为耆那教徒[2]。《音义》所谓"诸经中或言执三奇立拒",例有隋阇那崛多译《佛本行集经》卷三八《婆毘耶出家品》,经文曰:北天竺特叉尸罗城一寄养于外道之女,某日外出游历,"手中执持三奇立拒,拟澡洗时安瓶之所";及至为波梨婆阇道人所降伏,乃"取其革屣及三叉拒,执持而行"[3]。外道以此器随身之俗,也由此可见。

与"立拒举瓶"相对应的图像,多见于犍陀罗佛教艺术中的涅槃图,存世有多件〔1~6〕,表现形式大致相同,即涅槃床前,一僧人结跏趺坐,

---

1 《大正藏》第十二卷,页529。
2 玄应《一切经音义》卷六"尼乾"条曰"或作尼乾陀,应言泥揵连也,译云不系也";又慧琳《音义》卷二十四"尼揵子"条"音乾,梵语外道名也";又慧琳《音义》卷二十五"尼乾子"条"此云无系,是裸形外道,不系衣食,以为少欲知足者也"。
3 《大正藏》第三卷,页832。

2 涅槃图 维多利亚与阿尔波特博物馆藏

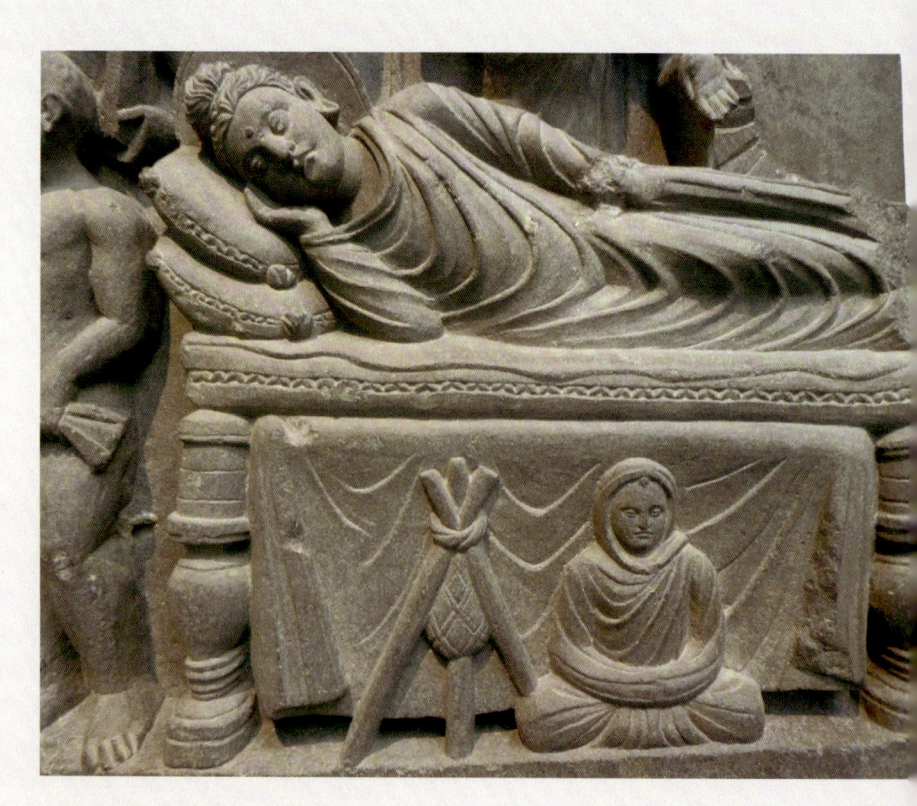

3 涅槃图局部 华盛顿弗利尔美术馆藏

4 涅槃图 纽约大都会博物馆藏

曾有西风半点香

5　涅槃图　加尔各答博物馆藏

6　涅槃图　东京国立博物馆藏

旁置一具上首以绳相束的三叉木架，木架交叉处悬挂一个圜底瓶。稍有异者，是将圜底瓶悬于木架上首交叉处歧出的一股。

涅槃床前的僧人，为佛陀最后的弟子须跋。宫治昭《涅槃和弥勒的图像学·犍陀罗涅槃图的解读》于涅槃图的诸多细节讨论甚详，其中也涉及须跋和伴随须跋的这一特殊器具，"在禅定的须跋身边，多数放着一个木制的三脚架，三脚架上吊着一个皮制的水瓶（水袋）。福契尔最初将这一吊在三脚架上的皮袋解释为释迦病中发烧降温时所需要的盛水器，但后来又推测为游行者所持三杖（tridanda）上的皮水袋。事实上，挂在三脚架上的水袋与禅定的须跋一并用来标志须跋其人，表明作为持三杖者（tridanda）的婆罗门行者的身分。挂在三脚架上的皮制水袋，在印度作为传统的须跋所持物，存续了很长时间（如阿旃陀第二十六窟涅槃浮雕），而在没有这一传统的中亚、中国，却归于消失"[1]。

这一节叙述中，有两点不确。第一，涅槃图所绘并非皮制的水瓶或水袋。第二，它并非是专属于须跋的持物。这是前面引述的经文及《音义》所证明了的。

佛经中关于佛陀涅槃的场景叙述，没有言及须跋所持之物，因此对涅槃图各个细节的考证仅凭与涅槃情景相关的经文，尚不足以解读全部。显然，此即《大般涅槃经》卷二十八作为譬喻之辞的"尼乾'立拒举瓶'"，《音义》所谓"此外道瓶，圆如瓠，无足，以三杖交之，举于瓶也"。须跋原为外道，《大般涅槃经》卷四十"婆罗林外有一梵志，名须跋陀"，是也。在某种特定的场合里，"三叉立拒"或可视作外道所持标志性的器具，为使涅槃图中的人物脚色容易辨认，工匠遂在须跋身旁安排了这样一具"外道瓶"。这一道具虽然不见于释典关于涅槃场景的叙事，但此"外道瓶"却是佛经中常见的表述，并且如

---

[1] 宫治昭《涅槃和弥勒的图像学》（李萍等译），页112，文物出版社二〇〇九年。

慧琳所说，在印度，"学士游方访道者持三歧木瓶钵随身也"。当然在涅槃图里这一器物的设置不过为了表明人物脚色，而不是强调用具的"外道"意义，或认为它"是佛陀最后一个弟子的传法象征，代表的应该是佛法传承有序，永续不断"[1]，固然不错，但这一新的寓意也只能是建立在原有的用意之上。而正是由于所谓"六师外道"及"外道瓶"均未曾东传，涅槃图中的这一细节在中土"归于消失"。

[初刊于《中国文化》二〇一〇年第一期，题作《〈一切经音义〉之佛教艺术名物图证》]

---

[1] 任志录《涅槃图中的三脚架及悬挂物》，页41，《美成在久》二〇二一年第二期。

荃

提

荃提，或作筌提，又称迁提或先提。玄应《音义》卷十六"荃提"条释之曰："或言迁提，谓可迁徙提挈也。或作筌提，言以荃草为之也。非此方物，出昆仑中也。"又同卷"迁提"条："言可迁徙提挈也。或作荃提，言以荃草为之也。非此方物，出昆仑中。律文或作先提。"慧琳《音义》卷五十六"荃提"条所释与此大致相同。

由《音义》所释经文可知，荃提原是坐具。如《宝行王正论·菩提资粮品》"荃提寝息具，应施寺亭馆"[1]；《佛本行集经》卷八"复有五百诸天玉女，各各执持多罗树叶所作筌提，在菩萨前引道而行"[2]。可见荃提之便携。玄应《音义》所谓"律文或作先提"，例有《善见律毗婆沙》卷一："尔时婆罗门子年始十六，已学婆罗门法三围陀书。婆罗门子初从梵天下，犹好净洁，床席、先提悉不与人杂。若欲往师所，以床席、先提，以白（帛）洁裹，悬置屋间而去"[3]。可见荃提的便于置放，即不妨外覆以帛而"悬置屋间"。

《音义》所谓"出昆仑中"，这里的昆仑当指南海昆仑[4]。不过从今天可以见到的图像来看，它很早就出现在古印度。如巴尔胡特大塔栏楯雕刻中的猕猴王本生图[5]〔1〕，桑奇大塔南门左柱浮雕[6]〔2〕，又贵霜迦腻色伽时期的夏都迦毕试（今贝格拉姆）古城遗址十三号墓出土来

---

1 《大正藏》第三十二卷，页499。
2 《大正藏》第三卷，页691。
3 《大正藏》第二十四卷，页679。
4 孙机《中国圣火·唐俑中的昆仑和僧祇》，页251，辽宁教育出版社一九九六年。
5 巴尔胡特大塔的时代为公元前二世纪。
6 桑奇大塔栏楯雕刻的时代为公元前一世纪末至公元一世纪初。

1　猕猴王本生　巴尔胡特大塔栏楯浮雕 　　　　　　2　桑奇大塔南门左柱内侧浮雕

3　牙雕局部　贝格拉姆出土 　　　　　　4　牙雕局部　贝格拉姆出土

自印度的数件牙雕〔3~4〕。筌提的质地在这些图像中虽未可准确推定，但似乎不外藤编与草编，形制则有鼓墩式与束腰式两种。

出现在犍陀罗佛教艺术中的筌提多为鼓墩式，形制与巴尔胡特大塔和桑奇大塔浮雕中的筌提相似，编纹历历，仿佛藤制品，上覆坐袱，垂至筌提的半中腰。如白沙瓦博物馆藏佛传图，拉合尔博物馆藏佛说

筌提　261

5　佛传图·占梦　白沙瓦博物馆藏

法图〔5~7〕，等等。而佛说法图中的荃提乃置于莲花之上，前面尚有一具踏床。

之后，荃提又为龟兹石窟壁画所取用，如克孜尔第三十八窟主室券顶右侧郁多本生图〔8〕、左侧屠提波梨本生图[1]，荃提的式样则略有变化。它类同于犍陀罗石雕中的鼓墩式，却稍有束腰，依然上覆坐袱，而坐袱每每垂至荃提底端。

敦煌壁画中的荃提，几乎俱为束腰式，如莫高窟第二七五窟北壁月光王本生图[2]〔9〕，时代为北凉。又莫高窟第二九五窟人字坡西坡摩诃摩耶经变画[3]〔10〕，时代为隋。后者荃提上下两端均以莲花为饰，前方置一具莲花踏床。进入中原地区的荃提也多为束腰式，如龙门莲花洞南壁第四十一龛龛内左侧浮雕〔11〕，其时代为北魏后期。

1　段文杰《中国新疆壁画全集·1·克孜尔》，图七四、图九五，天津人民美术出版社一九九五年。按第三十八窟的时代约为四世纪。
2　敦煌文物研究所《中国石窟·敦煌莫高窟》第一卷，图一四，文物出版社一九八二年。
3　贺世哲《敦煌石窟全集·法华经画卷》，图一一八，商务印书馆（香港）有限公司一九九九年。按图版说明称此坐具为束腰莲座。

6 佛传图·婚仪 白沙瓦博物馆藏

7 佛说法图局部 拉合尔博物馆藏

曾有西风半点香

8 郁多本生 克孜尔第三十八窟主室券顶

9 月光王本生局部 莫高窟第二七五窟北壁　　10 摩诃摩耶经变局部 莫高窟第二九五窟人字坡西坡

11 龙门莲花洞南壁第四十一龛龛内浮雕

荃提在南北朝时期也已进入社会生活，载籍通常写作"筌蹄"[1]。此际中土仍是席坐时代，垂足坐筌蹄，起始大约是作为讲经特有的姿态[2]。《南史》卷八十《侯景传》云"上（梁武帝）索筌蹄，曰：我为公讲。命景离席，使其唱经。景问（索）超世：何经最小？超世曰：唯《观世音经》小。景即唱：尔时无尽意菩萨"[3]。南北朝至隋唐，作为实用器具的筌蹄已是出自本土制作。唐段公路《北户录》卷三说到琼州藤编

---

[1] 作为坐具名称，释典亦偶作"筌蹄"，如《佛本行集经》卷十二"时有擎扶筌蹄、小儿，随从大王，啾唧戏笑"（《大正藏》第三卷，页190）。而筌蹄在中土原别为两事：筌，捕鱼器；蹄，捕兔网。《庄子·外物》："筌者所以在鱼，得鱼而忘筌；蹄者所以在兔，得兔而忘蹄。"汉译佛经中的"筌蹄"多用为此义。慧琳《音义》卷八十五释《大唐三藏玄奘法师本传》第八卷"筌蹄"条："上翠缘反，取鱼竹器笼也，亦名鱼笱。下弟롯反。《庄子》云：蹄所以取得兔，既得兔而忘蹄。从足，帝声。"又卷八十八、卷九十七"筌蹄"条及希麟《续音义》卷四、卷十"筌蹄"条释文均大致相同。经文又或作"筌蹏"，慧琳《音义》卷八十、卷八十三"筌蹏"条，谓蹏之"作蹄，俗通用字也"。
[2] 《中国圣火·唐李寿石椁线刻〈侍女图〉、〈乐舞图〉散记》，页210。
[3] 《汉语大词典》"筌蹄"条义项之二曰筌蹄系"南朝士大夫贵族讲经说法时手执的麈尾之类"，书证即引此节。然释此筌蹄为"麈尾之类"，误也。

及"新州（今广东新兴）作五色藤筌台，皆一时之精绝。昔梁刘孝仪《谢太子饷五色藤筌蹄一枚》云：炎州采藤，丽穷绮缛"。所谓"炎州"，原是泛指南方[1]。此"五色藤筌蹄"或即来自岭南。至于唐代，筌蹄则早是日常生活用具。陕西三原唐淮安靖王李寿墓石椁线刻画中侍女之挟持筌蹄[2]，即是一例。墓葬年代为贞观五年。

［初刊于《中国文化》二〇一〇年第一期，题作《〈一切经音义〉之佛教艺术名物图证》］

---

1 炎州，典出《楚辞·远游》："嘉南州之炎德兮，丽桂树之冬荣。"后用以泛指南方广大地区。如江淹《空青赋》："西海之草，炎州之烟。"
2 《中国圣火·唐李寿石椁线刻〈侍女图〉、〈乐舞图〉散记》，页210。

图片来源总览

佛入中土之"栖居"(一)

1 山东沂南画像石墓后室东间藻井 采自《沂南古画像石墓发掘报告》,图版二〇
2 甘肃高台地埂坡魏晋墓三号墓前室顶部 采自《二〇〇七中国重要考古发现》,页87
3 甘肃高台地埂坡魏晋墓三号墓前室结构示意图 高台博物馆提供
4 彩绘莲花砖 敦煌佛爷庙湾西晋第三十九号墓出土 敦煌市博物馆藏 自摄
5 幄帐木构架 甘肃高台县骆驼城南东汉墓出土 高台博物馆藏 自摄
6 彩绘漆案局部 马鞍山市朱然墓出土 采自《马鞍山文物聚珍》,图七二
7·1 莫高窟第二八五窟(西魏)窟顶局部一 采自《敦煌石窟全集·13·图案卷·上》,图五〇
7·2 窟顶局部二 摄自"大盛敦煌艺术大展"
8 莫高窟第二六八窟(北凉)平棊及局部 采自《中国石窟·敦煌莫高窟》第一卷,图版五
9 莫高窟第二七二窟(北凉)藻井 采自《敦煌石窟全集·13·图案卷·上》,图四六
10 莫高窟第二五四窟(北魏)平棊局部 采自《敦煌石窟全集·13·图案卷·上》,图七
11 莫高窟第四二八窟(北周)平棊局部 采自《敦煌石窟全集·13·图案卷·上》,图一九
12 云冈石窟第九窟前室北壁 自摄
13 凤车 莫高窟第二九六窟(北周)西壁壁画 采自《敦煌石窟艺术·莫高窟第二九六窟》,图二三
14 丁兰事木母 北魏宁懋石室线刻画 波士顿美术馆藏 自摄
15·1 瓦钉 河北平山灵寿古城出土 河北博物院藏 自摄
15·2 瓦钉与筒瓦 河北平山战国中山王墓出土 河北博物院藏 自摄
15·3 筒瓦、瓦当、瓦钉结构示意 采自河北博物院展厅展板

16　东汉陶楼局部　河北阜城县桑庄东汉墓出土
17　筒瓦与瓦钉（北魏）汉魏洛阳城内城出土　洛阳博物馆藏　自摄
18·1　北响堂山第九窟龛楣　自摄
18·2　北响堂第三窟窟外唐邕写经造像碑龛楣　自摄
18·3　南响堂山第七窟龛楣　自摄
19　麦积山第一二七窟壁画　自摄
20　莫高窟第二八五窟东壁壁画　摄自"大盛敦煌艺术大展"
21　华盖　莫高窟第二八五窟南壁壁画　摄自"大盛敦煌艺术大展"
22　塔刹　莫高窟第十四窟（晚唐）西顶壁画　采自《敦煌石窟全集·21·建筑画卷》，图二〇九
23　巴米扬石窟第一六七窟前室北壁壁画　采自《巴米扬》第一卷，图版四六：1
24　龙门石窟莲花洞南壁第二十五龛局部　采自《莲花洞：龙门石窟第712窟》，图一三〇
25　北魏正光元年造像碑碑阳局部　采自《中国北朝石刻拓片精品集》，页288
26　刺绣花边　甘肃武威磨嘴子汉墓出土　采自《甘肃文物菁华》，图三三八
27　陶俑　四川郫县宋家林东汉砖室墓出土　采自《四川博物院文物精品集》，页135
28　犍陀罗石雕　采自『ガンダーラ美術·Ⅱ·佛陀の世界』，图四一九
29　刺绣残片　蒙古诺彦乌拉匈奴墓地出土　艾尔米塔什博物馆藏　自摄
30　龙门石窟宾阳中洞窟顶局部　采自《龙门石窟造像全集》第一卷，图一九八
31　四面龛造像内龛龛顶　纽约大都会博物馆藏　自摄
32　莫高窟第二九七窟（北周）窟顶　采自《敦煌石窟全集·13·图案卷·上》，图五三
33　莫高窟第二九六窟（北周）窟顶局部　采自《敦煌石窟艺术·莫高窟第二九六窟》，图七六
34　莫高窟第二九六窟（北周）南壁　采自《敦煌石窟全集·13·图案卷·上》，图一三五
35　彩绘漆盘　南昌火车站东晋墓群三号墓出土　采自《尘封瑰宝》，页113
36·1　莫高窟第三八〇窟窟顶（隋—唐）采自《敦煌石窟全集·13·图案卷·上》，一六三
36·2　佛龛局部　莫高窟第七十四窟西壁壁画（盛唐）采自《敦煌石窟全集·22·石窟建筑卷》，图一〇二
37　覆钵塔（北齐）河北邺城北吴庄出土　摄自"和合共生：临漳邺城佛造像展"
38　多宝塔局部　莫高窟第四五四窟西顶壁画（宋）采自《敦煌石窟全集·21·建筑画卷》，图二七三

39	莫高窟第三九六窟窟顶（隋）采自《敦煌石窟全集·22·石窟建筑卷》，图七三
40	帷帐铜构件 南京市通济门外南朝墓出土 南京市博物馆藏 自摄
41·1	"释迦如来舍利宝帐"局部 陕西临潼庆山寺塔地宫出土 临潼博物馆藏 自摄
41·2	安阳修定寺塔及塔身局部 自摄
42	彩绘汉白玉灵帐及局部 采自《法门寺文物图饰》，页173
43	莫高窟第一一七窟窟顶（盛唐）采自《敦煌石窟全集·14·图案卷·下》，图四五
44	莫高窟第三二九窟东壁北侧（初唐）采自《敦煌石窟全集·14·图案卷·下》，图三六
45	莫高窟第一七二窟窟顶（盛唐）采自《敦煌石窟全集·14·图案卷·下》，图五七
46	敦煌出土帷帐部件 大英博物馆藏 采自《敦煌丝绸艺术全集·英藏卷》，图七
47~50	各式坠件 法门寺地宫出土 采自《法门寺文物图饰》，367～369
51	莫高窟隋第三九四窟北壁西侧说法图局部（隋）采自《中国石窟·敦煌莫高窟》第二卷，图一五八
52	彩绘漆箧局部 朝鲜古属汉乐浪郡墓葬出土 采自《朝鲜古文化综鉴》第二卷，图版二九
53~54	阿旃陀第十六窟壁画 自摄
55~66、68	敦煌壁画 均采自《敦煌石窟全集·14·图案卷·下》
67	莫高窟第三六七窟北壁（西夏）采自《敦煌石窟全集·16·音乐画卷》，图二八

佛入中土之"栖居"（二）

1	阿难像 莫高窟第四十五窟西壁 采自《敦煌石窟艺术·莫高窟第四五窟附第四六窟（盛唐）》，图一九
2	莫高窟第六十一窟甬道北披壁画 采自《敦煌石窟全集·14·图案卷·下》，图二四三
3	"桃形工艺品" 莫高窟北区出土 采自《敦煌莫高窟北区石窟》第三卷，彩版一七：6
4	云冈石窟第九窟 自摄
5	犍陀罗石雕 新德里印度国家博物馆藏 自摄
6	犍陀罗石雕 东京国立博物馆藏 自摄
7	雕花门柱 尼雅遗址出土 采自《丝绸之路沙漠王子遗宝展》，页40

8	修定寺塔塔身帐幔雕砖 采自《安阳修定寺塔》，图版六二
9	莫高窟第一七一窟北壁壁画 采自《敦煌石窟全集·14·图案卷·下》，图一〇八
10	莫高窟第一四八窟南壁壁画 采自《敦煌石窟全集·7·法华经卷》，图一四二
11	莫高窟第一七二窟东壁南侧壁画 采自《敦煌石窟全集·2·尊像画卷》，图一六四
12	莫高窟第二三一窟西壁龛外北侧壁画 采自《敦煌石窟艺术·莫高窟第一五四窟附第二三一窟（中唐）》，图一三六
13	帷帐部件 大英博物馆藏 采自《敦煌丝绸艺术全集·英藏卷》，图五
14	莫高窟第二八八窟南壁东侧一佛十菩萨说法图 采自《敦煌石窟全集·2·尊像画卷》，图十
15	1、2 莫高窟第四二八窟壁画 采自《敦煌石窟艺术·莫高窟第四二八窟（北周）》
16	巴米扬石窟第四十三窟壁画 采自『巴米扬』，图版144：1
17	克孜尔石窟第一三五窟主室穹窿顶局部 采自《克孜尔石窟内容总录》，页7
18	涅槃图 克孜尔第一七一窟后室正壁 采自《中国新疆壁画艺术》第一卷，图二四九
19	库木吐喇第三十四窟窟顶 采自《新疆石窟·库车库木吐拉石窟》，图六三
20	玛扎伯赫第一窟穹窿顶外缘局部 采自《中国新疆壁画艺术》第五卷，图一二〇
21	吐峪沟第四十四窟窟顶局部 自摄
22	莫高窟第二七二窟龛内顶 采自《敦煌石窟全集·13·图案卷·上》，图四七
23	莫第二三一窟北壁壁画 采自《敦煌石窟艺术·莫高窟第一五四窟附第二三一窟（中唐）》，图一六九
24	莫高窟第四十五窟北壁壁画 采自《敦煌石窟全集·21·建筑画卷》，图一〇四
25	莫高窟第三二〇窟北壁壁画 采自《敦煌石窟全集·5·阿弥陀佛画卷》，图一五一
26	莫高窟第一一二窟北壁壁画 采自《敦煌石窟艺术·莫高窟第一一二窟（中唐）》，图一六三
27	《千手千眼观音图》新德里印度国家博物馆藏 采自《海外藏中国历代名画·1》，图一四一

28·1　画像砖　安徽六安东三十铺隋墓出土　采自《考古》一九七七年第五期

28·2　莫高窟第八十五窟窟顶南坡壁画　采自《敦煌石窟艺术·敦煌第八五窟附第一九六窟（晚唐）》，图四一

29　毗沙门天王　莫高窟第一五四窟南壁西侧　采自《敦煌石窟全集·12·佛教东传画卷》，图六一

30　克孜尔石窟第七窟甬道外侧壁壁画　采自《中国石窟·克孜尔石窟》第三卷，图一七七

31　莫高窟第二五七窟南壁壁画　采自《敦煌石窟全集·21·建筑画卷》，图一八

32　莫高窟第四一九窟东坡壁画　采自《敦煌石窟全集·21·建筑画卷》，图四〇

33　莫高窟第一八六窟东顶壁画　采自《敦煌石窟全集·21·建筑画卷》，图二〇六

34　菩萨绢幡　大英博物馆藏　陈菊霞提供

35　道场幡　日本正仓院藏　采自《正仓院展·第三十七回》，页56～57

36　莫高窟第一四八窟东壁壁画　采自《敦煌石窟全集·6·弥勒经画卷》，图二一〇

37　莫高窟第一五八窟窟室天井壁画　采自《敦煌石窟艺术·莫高窟第一五八窟（晚唐）》，图一一二

38　莫高窟第三六一窟北壁壁画　采自《敦煌石窟全集·6·弥勒经画卷》，图一七〇

39　莫高窟第二三一窟北壁壁画　采自《敦煌石窟全集·21·建筑画卷》，图二二六

40　银龙首珍珠幡　沈阳新民辽滨塔塔宫出土　采自《文物》二〇〇六年第四期，封二：2

41　莫高窟第六窟东壁壁画　采自《敦煌石窟全集·24·服饰画卷》，图一八六

42　莫高窟第九十八窟东壁壁画　采自《中国石窟·敦煌莫高窟》第五卷，图九

43　安西东千佛洞第五窟壁画　自摄

44　阿里东嘎石窟一号窟藻井边饰　采自《西藏阿里东嘎壁画窟》，页111

"大秦之草"与连理枝

1·1、2　蔓草纹锦残片　新疆尉犁营盘墓地出土　采自《文物》二〇〇二年第六期，页37，图六二：1～3

2　桑奇二号塔栏楯浮雕　自摄

3　犍陀罗石雕　拉合尔博物馆藏　采自《犍陀罗：来自巴基斯坦的佛教文明》，页164

4　犍陀罗石雕　大英博物馆藏　自摄

5　犍陀罗石雕　日本私人藏　采自『ガンダーラ美術・Ⅱ・佛陀の世界』，图618

6　犍陀罗石雕　采自『東洋美術の裝飾文樣』，图389

7　马图拉石雕　新德里印度国家博物馆藏　自摄

8　鹰蛇飞人罽　钱伯泉藏　采自《丝绸之路：新疆古代文化》

9　玉枕顶面纹饰　徐州苏山头汉墓二号墓出土　采自《文物》二〇一三年第五期，页44，图三七

10　漆屏风局部　山西大同北魏司马金龙墓出土　大同市博物馆藏　自摄

11・1、2　云冈第十窟后室南壁拱门及佛龛立柱　采自《云冈石窟・二》，图版六六、六八

12　莫高窟第二六〇窟西壁壁画　采自《敦煌石窟艺术・莫高窟第二五四窟附第二六〇窟》，图一三九

13・1　北齐东安王娄睿墓墓门立柱石雕局部　采自《北齐东安王娄睿墓》，彩版五六

13・2　北齐徐显秀墓石门立框浮雕局部　自摄

13・3　徐显秀墓墓室壁画夫妇对坐图局部　采自《北齐徐显秀墓》，图十七

14　湖北谷城六朝画像砖墓出土画像砖纹饰　采自《文物》二〇一三年第七期，页36

15　描金彩绘漆棺图案（摹本）宁夏固原北魏墓出土　采自《美术研究》一九八四年第二期

16・1　胡人牵驼对狮对象锦残片　中国丝绸博物馆藏　自摄

16・2　对鹿纹锦残片　摄自"锦上胡风"展

17・1　绿地对联珠波狮凤锦残片　青海都兰热水出土　采自《中国丝绸通史》，页182

17・2　绿地对波鸳鸯锦残片　青海都兰热水出土　同上

18　莫高窟第四二〇窟南壁塑像　采自《敦煌石窟全集・塑像卷》，图六六

19　塑像服饰图案　采自《中国敦煌历代服饰图案》，图四八

20・1　灵化寺智该法师碑碑侧拓片局部　采自《隋唐石刻艺术》，页72

20・2　乾陵懿德太子墓石椁立柱拓片局部　采自《隋唐文化》，页91

21　薛儆墓石椁拓片局部　运城博物馆藏　自摄

22　兴福寺残碑碑侧图案　采自张鸿修《隋唐石刻艺术》，页90

23　葡萄奔鹿纹方砖　西安大明宫三清殿遗址出土　中国社会科学院考古研究所

藏　自摄

24·1　莫高窟第三六一窟窟顶壁画　采自《敦煌石窟全集·图案卷》(下)，页 156
24·2　莫高窟第八十五窟北壁壁画　采自《敦煌石窟全集·图案卷》(下)，页 155
25　彩绘绢幡　法国吉美博物馆藏　采自《敦煌丝绸艺术全集·法藏卷》，图一三九
26　对鸟对兽纹锦　吐鲁番阿斯塔那二〇六号墓出土　采自《中国织绣服饰全集·织染卷》，图一七二
27　莲花童子纹锦　中国丝绸博物馆藏　自摄
28　缥地花鸟纹夹缬絁　采自《正仓院展·第三十八回》，页 43
29　鸳鸯莲瓣纹金碗　西安南郊何家村窖藏　陕西历史博物馆藏　自摄
30　连理木　微山县两城镇出土汉画像石　采自《中国画像石全集·2·山东汉画像石》，图四二
31　田迈造像局部　河南淇县高村乡石佛寺村出土　采自《中国画像石全集·8·石刻线画》，图一八
32·1　弄女造弥勒像（东魏武定五年）邺城北吴庄出土　摄自"和合共生：临漳邺城佛造像展"
32·2　坐佛五尊像背面局部（北齐）邺城北吴庄出土　同上
32·3　法悕造像（北齐天保元年）邺城北吴庄出土　同上
32·4　释迦牟尼说法像背面局部　邺城遗址出土　河北博物院藏　自摄
33　本生故事雕塑边饰　托库孜萨来佛寺遗址出土　采自《新疆古代雕塑辑佚》，图一三六
34·1　克孜尔第十七窟主室右壁叠涩纹饰　采自《中国新疆壁画全集·2·克孜尔》，图二五
34·2　森木塞姆第四十二窟主室叠涩纹饰（摹本）采自《森木塞姆石窟内容总录》，图版一九
35　焉耆七个星石窟第二窟主室券顶壁画局部　采自《中国新疆壁画艺术》第五卷，图二一九

丹枕与綩綖

1、2　大昭寺早期壁画之一、之二　友人提供
3　释迦牟尼佛坐像　采自《中国藏传佛教雕塑全集·2·金铜佛（上）》，图一一
4　观音菩萨铜坐像　采自《中国藏传佛教雕塑全集·2·金铜佛（上）》，图一五
5　铜镀金嵌宝石观音菩萨坐像　故宫博物院藏　自摄
6　难陀出家局部　采自《佛像大观》，页 15

7	阿旃陀第十窟壁画 友人提供
8	佛雕像 埃罗拉第十二窟石雕 自摄；局部 友人提供
9	须大拏太子本生 阿旃陀第十七窟壁画 友人提供
10	阿旃陀第十七窟藻井壁画 同上
11	涅槃图局部 阿旃陀第二十六窟石雕 自摄
12	涅槃图局部 库木吐喇石窟第十六窟壁画 采自《中国新疆壁画艺术》第四卷，图二〇二
13	早期安达罗王朝石雕 新德里印度国家博物馆藏 自摄
14	占梦局部 白沙瓦博物馆藏 自摄
15	三十三天说法局部 采自栗田功《ガンダーラ美術・Ⅰ・佛伝》(改訂増補版)，图四一四
16	佛坐像 埃罗拉石窟第十二窟 自摄
17	为释迦族女说法局部 克孜尔石窟第二〇六窟主室右壁壁画 采自《中国新疆壁画・龟兹》，图八〇
18	蛤闻法升天缘局部 克孜尔石窟第二〇七窟壁画 采自《中国新疆壁画・龟兹》，图一二〇
19	石膏砖雕 巴楚县托库孜萨来遗址出土 喀什地区博物馆藏 自摄
20	莫高窟第二五四窟南壁中央说法图 采自《敦煌石窟艺术・莫高窟第二五四窟附第二六〇窟》(北魏)，图七三
21	莫高窟第四〇七窟东壁说法图 采自《中国石窟・敦煌莫高窟》第二卷，图九二
22	北齐皇建二年比丘造佛七尊像碑 采自《佛雕之美・北朝佛教石雕艺术》，图四五
23·1	释迦牟尼佛坐像（斯瓦特）故宫博物院藏 自摄
23·2	思惟莲花手观音菩萨坐像（斯瓦特）故宫博物院藏 自摄
24	敦煌出土擦擦 艾尔米塔什博物馆藏 自摄
25	四天王奉钵 马图拉博物馆藏 自摄
26	卡特拉佛陀坐像 马图拉博物馆藏 自摄
27	狮子座 榆林窟第二十五窟东壁八大菩萨曼荼罗经变 采自《敦煌石窟艺术・榆林窟第二五窟附第一五窟》，图八
28	释迦牟尼佛局部 采自《西夏艺术研究》，图1—1
29	阿弥陀佛（残片）采自《西夏艺术研究》，图1—4
30	药师佛 采自《西夏艺术研究》，图1—6
31	持花菩萨 敦煌莫高窟第四六五窟窟顶东披壁画 摄自"大盛敦煌艺术大展"
32	湿婆像 新德里印度国家博物馆藏 陈菊霞摄

33	《计时沙漏宝座上的贾汉吉尔》采自《印度美术》，页 447	
34	《度母像》局部 札达县托林寺出土 采自《宝藏》，图一〇五	
35	擦擦（后弘初期）札达县托林寺出土 采自《中国藏传佛教雕塑全集·4·擦擦》，图八	
36	木雕五佛冠残件（后弘初期）札达县托林寺出土 采自《中国藏传佛教雕塑全集·6·木雕》，图四一	
37	木雕经书封盖（后弘初期）日喀则地区 采自《中国藏传佛教雕塑全集·6·木雕》，图四九	
38	药师佛局部 黑水城遗址出土 采自《西夏艺术研究》	
39	白度母曼荼罗局部 榆林窟第四窟南壁壁画 采自《中国石窟·安西榆林窟》，图一八八	
40	擦擦（明代）采自《中国藏传佛教雕塑全集·4·擦擦》，图一一六	
41	木雕罗汉屏风（清代）布达拉宫 布达拉宫藏 采自《中国藏传佛教雕塑全集·6·木雕》，图一八五	
42·1	李道赞等五百人造像碑局部 纽约大都会博物馆藏 自摄	
42·2	围屏石榻局部 西安北周安伽墓出土 陕西历史博物馆藏 自摄	
43·1	白瓷女侍俑 河南安阳隋张盛墓出土 河南博物院藏 自摄	
43·2	白瓷女侍俑 纽约大都会博物馆藏 自摄	
44	大同东风里辽墓壁画 大同市博物馆藏 自摄	
45·1	莫高窟第四三一窟南壁上品下生 采自施萍婷《敦煌石窟全集·5·阿弥陀经画卷》，图八八	
45·2	莫高窟第四三一窟南壁中品下生 同上，图九一	
46	故宫乐寿堂内陈设复原 自摄

牙床与牙盘

1~4	彩绘木器 青海都兰吐蕃墓出土 采自《都兰吐蕃墓》，图版三三至三四
5	彩绘木器出土状况 采自《都兰吐蕃墓》，图版三二：4
6~10	彩绘木器 甘肃肃南县西水乡大长岭吐蕃墓出土 中国裕固族博物馆藏 自摄
11	石椁基座壸门线刻画 唐李寿墓出土 采自《隋唐石刻艺术》，页 135
12	石椁基座壸门线刻画 唐薛儆墓出土 采自《唐代薛儆墓发掘报告》，图二六
13	彩绘木棺并床座 和田布扎克古墓地出土 和田博物馆藏 孙毅华摄
14	武威天梯山第三窟右壁龛外下层壁画 采自《武威天梯山石窟》，彩版三六
15	莫高窟第十七窟北壁基坛壸门彩绘 采自《中国石窟·敦煌莫高窟》第四卷，图一二九
16	木画紫檀棋局 采自《正仓院展·昭和五十七年》，图五一

17　白瓷棋局　隋张盛墓出土　河南博物院藏　自摄
18　弈棋图局部　新疆阿斯塔那一八七号唐墓出土　新疆维吾尔自治区博物馆藏　自摄
19　汉白玉灵帐壸门座浮雕之一　采自《法门寺考古发掘报告》，彩版二一九
20·1　牙床　莫高窟第五十五窟东壁壁画　采自《敦煌石窟全集·17·舞蹈画卷》，图一三〇
20·2　牙床　吐尔基山辽墓出土漆奁匣盖内局部　内蒙古文物考古研究所藏　自摄
20·3　牙床　甘肃天水出土北宋彩绘砖雕　甘肃省文物考古研究所藏　自摄
21　牙床　莫高窟第一五六窟南壁壁画　采自《莫高窟第一五六窟附第一六一窟》（晚唐），图一二七
22　北方天王　莫高窟第一〇〇窟窟顶西北角壁画　采自《敦煌石窟全集·2·尊像画卷》，图二三八至二四一
23　铜坐佛　杭州雷峰塔出土　浙江省博物馆藏　自摄
24　牙床　榆林窟第二十五窟北壁壁画　采自《敦煌石窟艺术·榆林窟第二五窟附第一五窟》（中唐），图三七
25　牙床　莫高窟第九窟主室北披壁画　采自《莫高窟第九窟、第一二窟》（晚唐），图四五
26　牙床　莫高窟第八十五窟南壁屏风画　采自《敦煌石窟全集·23·科学技术画卷》，图九九
27　桧木八角长几　采自《正仓院展·第四十八回》，图三〇
28　桧木彩绘长方几　采自《正仓院展·第三十六回》
29　苏芳地六角几　采自《正仓院展·第四十六回》，图二九
30　莫高窟第一四八窟东壁壁画　采自《敦煌石窟全集·23·科学技术画卷》，图一四九
31　唐李重润墓后室东壁北铺侍女图局部　采自《唐李重润墓壁画》，图三七
32　唐昭陵新城公主墓三过洞东壁侍女图局部　采自《昭陵唐墓壁画》，图二九
33　五代冯晖墓墓室南壁东侧壁画　采自《五代冯晖墓》，图五九
34　越窑青瓷牙盘　临安康陵出土　杭州市临安区博物馆藏　自摄
35·1　越窑青瓷牙盘　杭州凤凰山五代天福七年钱元瓘墓出土　浙江省博物馆藏　黎毓馨摄
35·2　越窑青瓷牙盘　苏州吴中七子山五代一号墓出土　吴中博物馆藏　自摄
36·1　青釉划花牙盘　陕西铜川耀州窑遗址出土　耀州窑博物馆藏　自摄
36·2　青釉划花牙盘　陕西铜川耀州窑遗址出土　陕西省考古研究院藏　自摄
37　黄釉牙盘　赤峰市翁牛特旗解放营子辽墓出土　赤峰博物馆藏　自摄
38·1　敖汉旗四家子镇北羊山辽墓壁画　敖汉旗博物馆藏　自摄

38·2 宣化辽墓七号墓壁画 采自《宣化辽墓》，彩版二六
39 三足木盘 山普拉墓地出土 采自《中国新疆山普拉》，图一三九
40 四足木盘 尉犁营盘墓地出土 采自《新疆文物古迹大观》，图一九八
41 莫高窟第一四八窟西壁壁画 采自《敦煌石窟全集·7·法华经画卷》，图一四七
42 莫高窟第一五六窟窟顶西披壁画 采自《莫高窟第一五六窟附第一六一窟》（晚唐），图八九
43 贴金彩绘漆彩绘花漆盘 采自《正仓院宝物·特别展》，图一○九
44 三彩花牙盘 中国国家博物馆藏 采自《河南唐三彩与唐青花》，图一三六
45 铜鎏金折足盘 肃南县西水乡唐吐蕃墓出土 中国裕固族博物馆藏 自摄
46 狮纹三足金花银盘 西安市东郊八府庄出土 采自《唐代金银器》，图一一四
47 鹿纹菱花口三足金花银盘 采自《正仓院宝物·特别展》，图一○四
48 唐房陵公主墓前室东壁侍女图 采自《中国唐墓壁画集》，图五三
49 《高逸图》局部 上海博物馆藏 采自《林泉高士》页14，上海书画出版社二○○三年
50 紫檀木画槽琵琶捍拨红外线写真 采自《正仓院展·第四十八回》，图六九
51 莫高窟第二三六窟东壁壁画 采自《敦煌石窟全集·25·民俗画卷》，图一八○
52 耀州窑八角牙盘 故宫博物院藏 采自《故宫博物院藏文物珍品大系·两宋瓷器》（上），图九六
53 钧窑八角牙盘 采自《文物》一九八七年第一期，页96
54 定窑八角牙盘 洛阳市机瓦厂出土 河南博物院藏 自摄
55 青釉牙盘 杭州老虎洞窑址出土 杭州市博物馆藏 自摄
56 青釉牙盘 杭州老虎洞窑址出土 采自《杭州老虎洞窑址瓷器精选》，图四六
57 《文会图》局部 台北故宫博物院藏 采自《宴游雅集》（上海书画出版社二○○四年），页46

从礼物案到都丞盘

1 宴乐图漆案局部 安徽马鞍山朱然墓出土 采自《马鞍山文物聚珍》，页77
2 粉地彩绘长方几 采自《正仓院展·第六十回》，图二○
3 桧长几 采自《正仓院展·第六十回》，图二二
4 苏芳地金银绘箱 采自《正仓院展·第六十回》，图十七
5 "笼箱" 采自《正仓院展·第五十二回》，图六八
6 《职贡图》局部 台北故宫博物院藏 友人提供

7·1、2　莫高窟第一九六窟甬道南、北壁供养人像局部　敦煌研究院提供
8·1　河北宣化辽韩师训墓壁画　采自《宣化辽墓》，彩版九三
8·2　山西朔州市市政府工地辽墓墓室壁画局部　采自《中国出土壁画全集》卷二，图一二九
9　墓室画像砖局部　采自《甘肃的宋元画像砖的艺术》，页8
10　《胡笳十八拍·第五拍》局部　采自《胡笳十八拍图》，天津人民美术出版社二〇〇七年
11　《宋时大理国描工张胜温画梵像》局部　台北故宫博物院藏　采自《南诏大理国雕刻绘画艺术》，页204
12　《罗汉图》局部　台北故宫博物院藏　采自《画中家具特展》，页36
13　陶供桌　大同东郊元崔莹李氏墓出土　大同市博物馆藏　自摄
14　宝宁寺明代水陆画　山西博物院藏　自摄
15　《金瓶梅词话》插图局部
16　有束腰带托泥栏杆式供桌　采自《明式家具研究·图版卷》，乙137
17·1　杜堇《竹林七贤图》中的栏杆香几　采自《世貌风情》，页173
17·2　香几　采自《明式家具研究·文字卷·附二》，页213
18　"松竹菊桐文莳绘悬盘"高台寺藏　采自『伝统の美·漆器』，页67
19　"螺钿梅花文高栏卓"采自『中国の工芸：出光美术馆藏品図録』，图版四四四
20　都承盘　采自《明式家具研究·文字卷》，页91
21　《弘历鉴古图》局部　故宫博物院藏　自摄
22　方桌上的经案　河北宣化辽韩师训墓壁画　采自《宣化辽墓》，彩版九四
23　帐前桯上的书案　洛阳朱村东汉墓壁画　采自《文物》一九九二年第十二期，彩色插页二：2

掤鼓考

1　甘肃高台地埂坡魏晋墓四号墓前室前壁壁画　高台博物馆提供
2　金蝉珰　甘肃高台地埂坡魏晋墓四号墓出土　高台博物馆藏　自摄
3　北凉高善穆石塔线刻神王图　甘肃省博物馆藏　自摄
4　掤鼓　山西大同沙岭北魏壁画墓壁画　采自《文物》二〇〇六年第十期
5　掤鼓　河北磁县湾漳北朝壁画墓壁画（摹本）采自《磁县湾漳北朝壁画墓》，页153
6　掤鼓　平安南道南浦市水山里古坟壁画　采自《世界美术大全集·10·东洋编：高句丽·百济·新罗·高丽》，页36
7　降魔成道图局部　原出克孜尔石窟第一九八窟　采自《新疆古佛寺》，页238

8　降魔成道图局部　原出克孜尔第七十六窟　采自《克孜尔石窟内容总录》，页88
9　降魔成道图局部　原出库木吐喇石窟第十窟　采自《新疆古佛寺》，页53
10　彩绘舍利盒　苏巴什佛寺遗址出土　东京国立博物馆藏　自摄
11　浮雕降魔成道　华盛顿弗利尔美术馆藏　自摄
12　浮雕降魔成道　巴基斯坦白沙瓦博物馆藏　采自『ガンダーラ美術・Ⅰ・佛伝』（改訂増補版），图229
13　浮雕降魔成道　英国私人藏　采自『ガンダーラ美術・Ⅰ・佛伝』（改訂増補版），图232
14　忉利天说法归来　桑奇大塔北门右柱正面第一格　自摄
15　浮雕佛发供养　安大略皇家博物馆藏　采自『ガンダーラ美術・Ⅰ・佛伝』（改訂増補版），图172
16　浮雕八分舍利　同上，图522
17　北魏卜氏造像塔涅槃图　甘肃庄浪县李家碾出土　甘肃省博物馆藏　自摄
18　涅槃图　桑奇大塔北门右柱内侧第一格　自摄

象舆

1　须达多乘象劝化缘　库木吐喇第三十四窟主室正壁　采自《中国新疆壁画艺术・库木吐喇石窟》，图一五〇
2　银鎏金马具饰　艾尔米塔什博物馆藏　采自『アレクサンドロス大王と東西文明の交流展』，图67
3　彩绘陶盘　卡佩纳古城墓地出土　朱利亚别墅伊特鲁里亚（文明）国家博物馆藏　摄自"意大利之源：古罗马文明展"
4　象舆　桑奇大塔北门背面第二横梁下　自摄
5　象舆　桑奇大塔东门正面第二横梁右上　自摄
6~8　犍陀罗石雕　采自『ガンダーラ美術・Ⅰ・佛伝』（改訂増補版），图103、图609，图526
9　八王争舍利　库木吐拉第二十三窟壁画　采自《新疆古佛寺》，页45
10・1　"宜王大吉"锦残片局部　中国丝绸博物馆藏　自摄
10・2　"宜王大吉"锦残片局部　香港私人藏　摄自"锦上胡风展"
11　善事太子入海品・善事出游　采自《敦煌石窟艺术・莫高窟第二九六窟》，图一五二、一五三
12　佛传故事　莫高窟第六十一窟南壁　采自《敦煌石窟全集・4・佛传故事画卷》，图一二二
13　须达与舍利弗　莫高窟第九窟南壁壁画　采自《敦煌石窟全集・26・交通画

14 须达与舍利弗访园局部 莫高窟第九十八窟西壁 采自《敦煌石窟全集·26·交通画卷》，图一五二

15 善友夫妇回国 莫高窟第五窟南壁 采自《敦煌石窟全集·9·报恩经画卷》，图一三六

16 使者骑象宣示国王诏书 莫高窟第八十五窟南壁 采自《敦煌石窟全集·3·本生因缘故事画卷》，图一七八

17 《降魔成道图》中的象舆 巴黎吉美博物馆藏 采自《敦煌：纪念敦煌藏经洞发现一百周年》，页141

18 焉耆七个星第九窟壁画中的象舆 采自《新疆古佛寺》，页373

19 象舆 莫卧儿王朝细密画 采自 Indian Miniature Painting: Manifestation of a Creative Mind, p.94

20 益都石室线刻画 山东益都县城南出土 采自《中国画像石全集·8·石刻线画》，图一一五至一一九

21 象舆 莫高窟第三八六窟前室东壁 采自《敦煌石窟全集·26·交通画卷》，图一五一

净瓶与授水布施

1 须大拏太子本生·布施儿女 克孜尔第三十八窟主室券顶壁画 采自《中国新疆壁画全集·1·克孜尔》，图九九

2 须大拏本生·布施白象局部 若羌米兰佛寺遗址壁画 采自《西域考古图记》第一卷，图一三七

3 须大拏本生·布施白象 巴尔胡特大塔压顶石浮雕 加尔各答博物馆藏 自摄

4~5 须大拏本生 桑奇大塔北门背面第三横梁 自摄

6 须大拏本生·布施白象 采自『ガンダーラ美術・Ⅱ・佛陀の世界』，图844

7 须大拏本生·布施车马 采自《海外及港台藏历代佛像珍品纪年图鉴》，页47

8 须大拏本生·布施白象 采自《海外及港台藏历代佛像珍品纪年图鉴》，页98

9 太子须大拏经·布施白象 莫高窟第四二八窟东壁 采自《敦煌石窟全集·3·本生因缘故事画卷》，图一二二

10 善事太子入海品·求仙人为子 莫高窟第二九六窟壁画 采自《中国石窟·敦煌莫高窟》第一卷，图一八六，文物出版社一九八二年

立拒举瓶

1　涅槃图　旧金山亚洲艺术博物馆藏　自摄
2　涅槃图　维多利亚与阿尔波特博物馆藏　自摄
3　涅槃图局部　华盛顿弗利尔美术馆藏　自摄
4　涅槃图　纽约大都会博物馆藏　自摄
5　涅槃图　加尔各答博物馆藏　自摄
6　涅槃图　东京国立博物馆藏　自摄

荃提

1　猕猴王本生　巴尔胡特大塔栏楯浮雕　加尔各答博物馆藏　自摄
2　桑奇大塔南门左柱内侧浮雕　自摄
3、4　牙雕局部　贝格拉姆出土　阿富汗国家博物馆藏　自摄
5　佛传图·占梦　白沙瓦博物馆藏　自摄
6　佛传图·婚仪　采自『ガンダーラ美術·Ⅰ·佛伝』(改訂増補版)，图115
7　佛说法图局部　采自『ガンダーラ美術·Ⅰ·佛伝』(改訂増補版)，图395
8　郁多本生　克孜尔第三十八窟主室券顶　采自《中国新疆壁画全集·1·克孜尔》，图七四
9　月光王本生局部　莫高窟第二七五窟北壁　采自《中国石窟·敦煌莫高窟》第一卷，图一四
10　摩诃摩耶经变局部　莫高窟第二九五窟人字坡西坡　采自《敦煌石窟全集·法华经画卷》，图一一八
11　龙门莲花洞南壁第四十一龛龛内浮雕拓片

三联版后记

一

佛教艺术虽然是一个独特的艺术类别，但其中的一器一物，无不与本土的社会生活和物质文化息息相关，它记录着中西交流过程中的演变及所以演变的种种信息，且在此演变的过程中参与和缔造社会风貌。

"敦煌艺术名物研究"，它的重心不是佛教艺术，而是佛教艺术移植过程中接纳它的土壤、这片土壤上面的物质文化，此中所反映出来的种种特质，在很大程度上决定了如何接纳来自殊方异域的各种事物。

这里所做的关于佛教艺术名物的考证，限定于汉译佛经。理想的目标，是回到译经者的时代，寻找译经者在选择与佛经对应的名词之际，眼中看到的社会生活图景。也因此所谓"名物考证"，乃力求从佛经中的器物名称里发现与之对应的图像，进而发现图像的设计来源，图像的"行走"以及"行走"所经之地而一路不断添加的情节。

中国传统学科中的名物学，依然可以与此相合。名物学最重要的内涵，是名称与器物的对应和演变，又演变过程中，名与实由对应到偏离，其中的原因及意义。因此它所要解决的，第一是努力还原器物或纹饰当日的名称，以发现名称缘起与改变中所包含的各种转换关系。第二是寻找图式的形成脉络，即一种艺术语汇经由发生、发展、变异、演化，而固定为程式的整个过程。

"东风染得千红紫，曾有西风半点香"，出自南宋杨万里的《木犀二绝句》,此借来拟喻魏晋南北朝至隋唐佛教艺术中的名物大致相同的演变经历。所谓"半点",相对言,是少,也可以说它从未成为主流,更未能动摇中土之"体"。然而就绝对数量而言,此"半点"却也颇有可观。"西风"吹过,每每留下痕迹,只是很快即为"东风"之强势所"化",最终是"东风染得千红紫",此际则已难辨外来痕迹了。

二

选择这样一个题目,是缘于二〇〇五年初秋与来自新加坡的袁犍女士同往敦煌,樊院长和我们见面时,袁女士介绍了我所做的名物研究,于是想到名物考证的方法也可以用于敦煌艺术的研究。第二年深秋,便由樊院长主持建立了"敦煌艺术中的名物研究"课题组,稍早于此,我在中国社会科学院文学研究所申请了同样的课题。

课题组成员的知识背景不同,关注的问题不同,因此是分别承担不同的题目,而就共同的研究方向切磋讨论,交换信息,交流心得。敦煌研究院多次提供观摩壁画和查阅资料的方便。二〇〇九年春夏之交由敦煌研究院全力资助的西北考察,得以近距离接触实物和观摩图像,收获颇丰。同年初冬,敦煌研究院资助往返路费的印度之行,所得亦巨。

考察过程中,想到的问题不少,但真正能够理清脉络,得出合理的结论者,尚不多。这本小书所涉及的十一个议题,都是向着前节所说既定目标的努力和尝试,只能算作初步的思考。课题组成员的研究成果将会以不同的形式陆续面世,届时,"敦煌艺术中的名物研究",或许能够为敦煌学带来一点点新的气息。

人美版后记

敦煌艺术，虽然关注了很久，但以自己的知识结构而言，却不是能够深入研究的一个领域。这方面的一点尝试，一是因缘所系，——即如三联版后记中的叙述，一是想通过这样的尝试，使自己稍稍拓展视野。旧日的一组文章今收入本集，对以往的工作似应略事总结，却是颇费踌躇。思之再三，觉得还是当年罗世平先生序言中语很可以代为阐发自己的所思所想和所做，特别是所云"名物学的传统"和"现代学术的性格"，还有"名物观"，都是我心中所有而不能恰当表述者。因摘引如下：

扬之水解读敦煌艺术名物，援例而作具体而微的近距离观察，接近微观的史学方法。一事一物从源头发生到传播定型，名相功用无不见出时代的烙印。同时又因民族习俗，地域环境，语言条件等的差异，使用者又加以适应性改造，于是在名物上也就出现了源与流的分别，同是一名而物态不能尽同，同是一物而称名或有差异，所以名物之辩首在弄清源流，明了出典。将此观察方法放在敦煌这样一个丝路总绾，胡汉杂居的地区，名物之辩就更有多层的学术意义。微观而深入细节，往往可以从中看到一个民族对外来文化的理解和取舍诉求，也能更实际地体会不同文化间的对话能力。……作者用"追索细节意象之究竟"的方法，去解读佛入中土在敦煌的栖居，如洞窟内图案装饰细节之金博山、摩尼宝、垂麟、翠羽、宝交饰；又如法事行仪用具之帐、伞、幢、幡、象舆；再如日常起居之牙床、丹枕、筌提等等，一一道明，给出原典和变异的线索，目的是让人看到多层次的内容能在一个叙事结构中逻辑地呈现出来。做好这件事，必定要在文献和图像上同时用力，这一点，既是名物学的传统，又表现出现代学术的性格。……除了方法，作者呈现的是鉴识名物的立场，或称之为"名物观"。对于敦煌佛教名物，虽有律仪制度的来源引进，但在制度之下的用器，一些传自于印度，在中土的使用中还因循着原样，一些则是因地制宜，从中国传统的礼乐中借来，后者的使用频率要高出前者很多。佛寺建筑就是一个显例，其他用器自然也不例外。就如初传期的格义佛教，翻译和疏证都寄兴在中国的语境之下。同时期的佛像也取格义的形态，常与西王母和东王公坐现示人，是神仙化的性格。在中国的文化土壤上立足，佛教名物也呈现出依附的特征，杂糅的面貌其实并没有因佛教系统律仪的推行而印度化，情形恰好相反，伴随着佛教的中国化，律仪制度中的主体也随之中国化了，所剩的即是"曾有西风半点香"，也如唐人诗句说和亲之后的吐蕃风："自从贵主和亲后，一半胡风似汉家。"这是文化交流的作用使然，自化和化他，是对一个民族同化力的检验，敦煌艺术就是观察文化传播规律的最好例证。站在这个高度上，看敦煌艺术名物，自然就有了立场，泾渭清浊也一定是了然于心的。这是可以从字里行间读出的名物观，扬之水在书题中传递的也是这份心迹。

丙申立秋前一夕

曾有西风半点香

CENG YOU XIFENG BAN DIAN XIANG

图书在版编目（CIP）数据

曾有西风半点香 / 扬之水著. -- 桂林：广西师范大学出版社，2024.9. -- (扬之水作品系列).
ISBN 978-7-5598-7167-1

Ⅰ. J19

中国国家版本馆CIP数据核字第2024BU2196号

广西师范大学出版社出版发行

　广西桂林市五里店路9号　邮政编码：541004

　　网址：http://www.bbtpress.com

出版人：黄轩庄

全国新华书店经销

天津裕同印刷有限公司印刷

　天津宝坻经济开发区宝中道30号　邮政编码：301800

开本：635 mm × 965 mm　1/16

印张：18.5　字数：120千

2024年9月第1版　2024年9月第1次印刷

印数：0 001~6 000册　定价：126.00元

如发现印装质量问题，影响阅读，请与出版社发行部门联系调换。